基金项目：辽宁省教育厅人文社会科学研究项目
辽宁省优势特色农产品保险财政补贴政策优化研究（项目号：JYTQNRW2020096）

中国政策性农业保险市场弱博弈均衡研究

张 卓 著

中国农业科学技术出版社

图书在版编目（CIP）数据

中国政策性农业保险市场弱博弈均衡研究／张卓著.—北京：中国农业科学技术出版社，2021.5
ISBN 978-7-5116-5209-6

Ⅰ.①中… Ⅱ.①张… Ⅲ.①农业保险-研究-中国 Ⅳ.①F842.66

中国版本图书馆 CIP 数据核字（2021）第 033849 号

责任编辑	史咏竹
责任校对	贾海霞
责任印制	姜义伟　王思文
出 版 者	中国农业科学技术出版社 北京市中关村南大街 12 号　邮编：100081
电　　话	（010）82105169(编辑室)　　（010）82109702(发行部) （010）82109709(读者服务部)
传　　真	（010）82106626
网　　址	http://www.castp.cn
经 销 者	各地新华书店
印 刷 者	北京建宏印刷有限公司
开　　本	710mm×1 000mm　1/16
印　　张	10.25
字　　数	190 千字
版　　次	2021 年 5 月第 1 版　2021 年 5 月第 1 次印刷
定　　价	46.00 元

版权所有·翻印必究

内容简介

作为世界贸易组织（WTO）允许的为数不多的"绿箱政策"之一，政策性农业保险保费补贴，已成为稳定农业生产、提升农户福利的重要政策工具。我国自2007年开始也通过增强农业保险政府补贴确立了政策性农业保险的基本框架，此后我国农业保险在农户参保数量、政府保费补贴规模、农业保险赔付金额等方面规模迅速扩大，并据此成为我国农业"三扶持"战略思路的重要组成部分。但我国农业保险发展在政府高度重视、政策密集出台、政府补贴强度持续增加的同时，却面临着农户有效需求不足、保险公司经营惰性较强的现实矛盾，从而导致弱博弈均衡的出现，在这一理解下，本书沿着"什么是弱博弈均衡——为什么出现弱博弈均衡——如何破解弱博弈均衡"的逻辑进程，从数理层面对弱博弈均衡的成因进行了分析，并从破解弱博弈均衡的目的出发对我国农业保险的政策框架提出政策建议。

首先，本书基于现有研究的数理分析结论，论证了农业保险市场失灵的存在性与政府补贴工具运用的必然性，构建了政策性农业保险的理论框架。研究结合我国农业保险的现实实践历程，注意到我国农业保险市场规模"弱态"与均衡"弱态"的双重特征，并使用"弱博弈均衡"这一概念对我国农业保险市场进行了特征提炼。

根据本书的界定，弱博弈均衡指"农业保险市场规模小，保险公司结构性低供，农户风险需求无法释放，政府坚持基础补贴低补形成的一种博弈均衡"状态，这种弱态既表现在市场规模的弱态上，又表现在均衡维持的弱态上，在此基础上，本书结合农业保险市场的典型特征，基于现实观察对弱博弈均衡的存在性进行了论证。同时，本书基于参与主体有限理性假设，在三主体参与的演化博弈模型中，分析了政府补贴强度变化及保险公司保费厘定策略调整对农户、保险公司间参保与承保稳定策略形成的影响，正是由于农业保险市场中政府补贴存在显著的信号示范效应，因此当新型农产品相关保险体系中政府补贴缺位时，农户与保险公司两主体是缺乏打破均衡乃至实现保险市场规模扩张的动力及意愿的，这很好地解释了我国农业保险市场弱态特征得以均衡维持的现实原因，也同时为探寻破解弱博弈均衡的政策扶持体系提供了路径支持。

其次，本书重点分析了农户主体参保惰性形成的原因与影响机制，构建了农户参保意愿的影响因素模型，结论表明，农户风险感知水平、政府保费补贴强度、农村劳动力受教育程度、农户收入结构及以外出务工衡量的替代性收入渠道的存在，都显著地影响农户参保意愿。同时，我国农户参保具有典型的盲从性"跟随"特征，基于经验观察而非风险预期管理需要才是农户参保的主要驱动力。

再次，本书基于参保率区域分化构建了弱博弈均衡中农户参保惰性的解释模型，并从替代性收入渠道、种植结构等因素视角对弱博弈均衡提供了解释。结论表明，种植结构、替代性收入渠道的存在以及不同区域农业保险的政府隐性规制力度的差异，确实能够充分地解释我国东部、中部、西部地区的农户参保率异质性特征。中部、西部地区较高的农业保险参保率，实际是种植结构中粮棉油糖作物占比较高，参保的政府隐性规制约束力度较强，以及替代性收入渠道匮乏共同作用的结果。但这种高农户参保率更多地属于一种"被动的""非理性"的选择。农业保险参保的"正收益"属性、较高的政府补贴强度并不能够对中西部地区农户形成参保激励。而东部地区及城市经济体农户的参保激励主要来自农业保险参保的风险收益水平、保费的高低、政府补贴比例、灾后赔付水平成为参保决策的关键变量。我国"低保费、低赔付、低收益"的农业保险产品体系，由于无法对接农户的风险保障需求，从而导致了东部地区与城市经济体农户偏低的农业保险参保率。

然后，本书将分析重点集中在保险公司的经营惰性上，并从系统性风险分散、农业保险利润率与政治红利摊薄以及产品创新的边际成本变化3个视角论证了保险公司经营惰性的存在。在此基础上，本书进一步使用包含非期望产出的DEA模型进行了不同保险公司农业保险经营效率的测度与分析，结论表明，农业保险创新成本高、道德风险可能性大的障碍，并不是导致我国保险公司农业保险产品供给意愿不强的决定性因素，农业保险创新也是存在现实路径的，至少专业性保险公司的高效率表现就说明，有效地进行产品设计，整合农户参保需求，强调市场化的风险管理机制，在政府低补贴模式下是可行的。考虑到效率影响机制模拟的需要，本书进一步在地区维度下进行了综合性财产保险公司农业保险经营效率的测度并构建面板模型进行了效率决定的实证检验。结论表明，保险公司在种植业保险运营上存在农业保险保费收入偏低、赔付概率较高且赔付压力巨大的经营困境，虽然政府补贴的存在一定程度上能够修正这种市场性扭曲，但这是保险公司表现出农业保险经营惰性的重要原因。

最后，本书在借鉴其他国家政策性农业保险发展实践的基础上，结合我国农业保险弱博弈均衡特征的内在规律，提炼了参与主体的惰性抑制路径，政府主体的惰性抑制应集中在政策性农业保险边界的明晰上，农户主体的惰性抑制路径则在于风险保障强度的提升，而保险公司主体应着重围绕构建针对保险公司经营费用的补贴体系而实现惰性抑制。

本书从完善我国农业保险政策体系的视角，提出了破解弱博弈均衡、实现规模突破的具体政策思路，包括从顶层维度明晰政策性农业保险补贴边界、加快进行农业保险"提标"改革、提升风险保障强度在新型农业保险业务上启动保险公司经营费用补贴，以及建立政府主导而非互助式的再保险体系。

本书的创新体现在：第一，使用"弱博弈均衡"精准概括了我国农业保险市场及参与主体策略博弈下所形成的博弈均衡特征，并基于演化博弈分析与实证检验完整论证了"弱态"与"均衡"的存在及成因。第二，本书测算了我国省际农户参保率，并基于该数据从地区分化的视角，在宏观维度上实现了对农户参保意愿高低的捕捉，从而使得基于实证框架分析农户参保惰性及其形成机制成为可能。第三，将保险公司农业保险经营效率视为供给意愿的一个前置变量，实现了通过"效率"视角对保险公司主体惰性形成及影响机制的间接分析。

目 录

1 绪 论 …………………………………………………………… (1)
　1.1 问题的提出 ………………………………………………… (1)
　1.2 文献综述 …………………………………………………… (3)
　1.3 研究方法 …………………………………………………… (13)
　1.4 研究内容与结构安排 ……………………………………… (14)
　1.5 本研究的创新 ……………………………………………… (15)
2 政策性农业保险的理论体系 …………………………………… (18)
　2.1 农业保险的相关概念界定 ………………………………… (18)
　2.2 农业保险市场参与主体的行为偏好分析 ………………… (20)
　2.3 政策性农业保险的理论框架 ……………………………… (27)
　2.4 小 结 ……………………………………………………… (31)
3 中国政策性农业保险市场弱博弈均衡的现实观察与解释 …… (32)
　3.1 政策性农业保险的中国实践 ……………………………… (32)
　3.2 "弱博弈均衡"概念的提出与解释 ………………………… (39)
　3.3 弱博弈均衡的特征 ………………………………………… (46)
　3.4 基于稳定策略演化博弈的弱博弈均衡成因分析 ………… (54)
　3.5 小 结 ……………………………………………………… (66)
4 基于农户视角的农业保险市场弱博弈均衡成因分析 ………… (67)
　4.1 农户参保意愿的影响机制分析 …………………………… (67)
　4.2 基于区域分化视角的弱博弈均衡与农户主体参保惰性解释 …… (78)
　4.3 小 结 ……………………………………………………… (92)

5 基于保险公司视角的农业保险市场弱博弈均衡成因分析 …………… (94)
5.1 保险公司产品供给意愿不强的成因分析 ……………………… (94)
5.2 保险公司经营效率分析：经营目标导向的检验 ……………… (101)
5.3 地区维度的效率分解与效率影响机制分析 …………………… (109)
5.4 小　结 …………………………………………………………… (115)

6 农业保险市场弱博弈均衡的破解——路径选择与政策思路 ……… (117)
6.1 破解农业保险弱博弈均衡的路径选择 ………………………… (117)
6.2 政策性农业保险的国际经验借鉴 ……………………………… (120)
6.3 破解弱博弈均衡的政策思路 …………………………………… (125)
6.4 小　结 …………………………………………………………… (129)

7 结　论 ………………………………………………………………… (131)
7.1 研究结论 ………………………………………………………… (131)
7.2 下一步研究工作的重点 ………………………………………… (133)

附　录 …………………………………………………………………… (135)
主要参考文献 ……………………………………………………… (138)
后　记 ……………………………………………………………… (152)

1 绪　论

1.1 问题的提出

自 Goodwin（1993）针对农业灾害性风险构建了瓦尔拉斯一般均衡方程，论证了农业风险管理的市场失灵特征开始，完全市场化的基于农户—保险公司双主体结构的农业保险制度设计难以满足稳定农业产出、保障农户福利的政策目标开始成为共识。农业保险较高的供给成本与赔款变异系数严重抑制了保险公司开展农业保险经营的意愿，而参保费率高、保险补偿强度低则大大降低了农户参保覆盖率（Coble 等，1997）。再考虑到农业生产具有正外部性与准公共品属性，政府以公共财政手段干预农业保险市场，降低农业保险的参保与赔付成本，从而强化农业保险参保与经营激励，就成为成熟市场国家重要的农业政策工具，以实现稳定农业产出的目标。自 20 世纪 30 年代美国启动农业保险补贴开始，到目前为止，农业保险保费补贴已经成为世界各国普遍选择的农业生产适度保护制度，也是适应"WTO 农业协议"的"绿箱政策"中最重要的非价格农业保护工具之一。世界上超过 85% 的国家实施了与国情相适应的农业保险补贴模式。

具体到我国政策性农业保险的发展，自 2002 年《中华人民共和国农业法》明确提出"政策性农业保险"的概念以来，中共中央、国务院始终高度重视政策性农业保险工作。2004 年中央一号文件明确提出"加快建立政策性农业保险制度试点，有条件的地方对于参保农户给予一定的保费补贴"，标志着我国政府开始逐步探索构建适合我国国情的政策性农业保险制度。2006 年，《全国农业和农村经济发展第十一个五年规划（2006—2010）》确立了政策性农业保险的发展思路——以中央政府为主体，"先起步、后完善，先试点、后推广"。2012 年颁布的《农业保险条例》在保证保费补贴强度的基础上，逐步尝试多元化、多体系、多渠道的农业保险扶持策略，并尝试从补贴强度、保障水平、覆盖产品、风险触发条件等多个维度来丰富农业保险体系。2017年，《中央财政农业保险保险费补贴管理办法》进一步明确了农业保险保费补贴工作的原则，提高了农业保险财政补贴资金的效益。2017年中央一号文件提出我国政策性农业保险"增品、提标、扩面"的发展思路，推动农业保险制度的完善和产品体系的丰富。2018年中央一号文件探索建立"农业保险+期货"模式，建立成本保险、收入保险多层次的农业保险体系。2019年，中共中央、国务院《关于坚持农业农村优先发展做好"三农"工作的若干意见》试点实施地方优势农产品保险补贴的"以奖代补"机制，从而实现我国政策性农业保险由点及面、由浅入深、由轻到重的政策推进体系。

总体上看，我国已经基本建立起了覆盖范围广、补贴规则透明、政策目标明确的农业保险补贴制度体系。根据《中国农业保险发展报告2018》和《中国农业保险保障水平研究报告》的统计，2006—2017年，我国农业保险保费收入年均增长44%，赔款支出年均增长33.7%。此期间我国农业保险累计为超过10亿户次农户提供风险保障，2017年我国的农业风险保障金额超过2.7万亿元。11年间，我国农业保险实现赔付支出达1 306.62亿元，为1.68亿户次农户提供了有效的风险补偿。中央财政补贴政策保障的农产品从最初选定的6种农产品增长至200余种农产品，2017年主要农作物承保突破21亿亩[①]，占到全国播种面积的84%（庹国柱，2019），可以说我国农业保险的发展成为重要的农业"稳定器"，有效地保证了农业生产的健康、稳定、有序发展，也在很大程度上成为农户风险补偿与福利增进的重要工具。

但值得注意的是，我国农业保险发展在政府高度重视、政策密集出台、政府补贴强度持续增加的同时，却面临着农户有效需求不足、保险公司经营惰性较强、政府主体补贴效率较低与补贴边界不清的现实矛盾。本研究正是从这一矛盾出发，研究分析了我国农业保险市场发展规律与特征，在借鉴"保险排斥""供需双冷"及"低水平均衡"等概念基础上，提出并界定了农业保险市场的"弱博弈均衡"。同时将弱博弈均衡视为中国农业保险市场发展的典型事实，并尝试从保险市场参与主体的偏好与行为逻辑入手，利用博弈分析、数理分析、实证分析等多种分析工具，分析弱博弈均衡的基本特征，并对弱博弈均衡出现的成因加以解释。进而在分析与描述弱博弈均衡格局中政府、农户与保险公司主体惰性影响机制与作用路径基础上，结合我国农业保险的现实基础与制度条件，探寻破解弱博弈均衡困境、抑制农业保险参与主体惰性、实现农业

---

① 1亩≈667平方米，全书同。

保险市场规模突破的现实路径与策略，从而回答下述的关键问题：为什么我国农业保险表现出弱博弈均衡特征？为什么我国农户参保农业保险的意愿较弱？为什么保险公司缺乏创新热情而表现出经营惰性？进而为提高财政补贴效率，推动农业保险制度模式创新和运行监督机制改革提供启示，以实现农业保险"增品、提标、扩面"的阶段性目标及保障农产品有效供给与农民福利提高的最终目标。

1.2 文献综述

自 1791 年德国雹灾保险的出现，开启了人类针对农产品及农业经营活动的专项保险尝试以来，世界各国农业保险的实践就从未停止。"考虑到灾害及减收对农产品供应及社会福利的影响，即使在工业文明高度实现的今天，农业保险问题也是每个政府无法忽视的"（Nelson 和 Edna，1987）。但遗憾的是，农业保险的商业化运营总是面临有效需求不足的问题，结果总是最终走向"农业保险市场的萎缩与运营主体的退出"（Kramer，1983）。由此，农业保险问题逐渐得到学术界的关注，大量文献集中于探讨农业保险的最优模式问题，并据此成为农业经济学与保险学研究的重要分支。

1.2.1 基于市场失灵对商业化农业保险举步维艰进行解释的相关研究

早期的一些研究主要专注于对农业保险商业化运营模式难以成功提供解释，Miranda 等（1997）比较了 1924—1970 年 59 种农业保险与 171 种非农业保险的赔款变异水平，发现农业保险的加权赔款变异系数是非农业常规险种（一般性寿险与财险）的 9.7 倍，并认为正是在这种高经营风险驱动下，农业保险经营主体具有提高保费、压缩保险市场规模与缩减业务供给的动机，从而进一步冲击了农业保险市场供需均衡的实现。Gardner 和 Kamer（1986）也认为在商业化运营模式下，农业保险总体上呈现出"高保费、低赔付"，同时农业保险公司面临较高的"背德"欺诈风险，这减弱了农户参保与农业保险公司业务经营的意愿。在此基础上，Hewitt（1994）则进一步将农业保险高保费、高赔付的出现归因于农业保险本质上存在的市场失灵属性，从而建立了基于市场失灵理论解释商业化农业保险失败的一般范式。

Goodwin（1993）在一个瓦尔拉斯一般均衡的福利方程框架中，论证了农业保险市场失灵的必然性，并将市场失灵的原因归纳为难以分散的系统性风险、难以规避的参保人道德风险，以及在风险保障强度既定时普遍性的投保逆选择行为。这其中，一部分的文献强调系统性风险对农业保险市场的冲击，如Rubmstein和Yaari（1983）认为，保险产品的可保性源自参保个体风险的离散，从而可以通过个体风险组合实现基础的风险控制，但农业生产的巨灾风险却使得风险个体呈现出较强的相关性，从而增大了农业保险赔付变异水平。Weaver和Kim（2001）也认为，即使排除巨灾风险的影响，由于农产品价格调整的滞后效应与供给短期固定的特征，使得农产品价格风险也存在个体相关性特征，从而表现为农业风险在区域性作用下呈现出系统性特征，进而影响了农业保险通过规模化经营实现风险控制的能力。从结果看，Njegomir等（2010）指出，在商业化运营模式下，农业生产的系统性风险将必然地提升保费水平或者降低风险保障强度，从而导致有效需求的不足与供给的减少。

还有一部分研究强调参保人的道德风险对农业风险可保性的影响。由于农业生产信息的内部性，农作物（或者养殖生物）不同生长阶段生产性投入的核算困难，而且农业保险参保者具有夸大灾后损失以获取更多保险赔款的动机与行为。再加上道德风险的低成本甄别几乎是不可能实现的，这将大大增加农业保险经营者的风险（Dick和Wang，2010）。Babcok和Hennessy（1995）认为，农业保险经营者除了面临夸大损失的欺诈风险外，虚增成本与瞒报投入也将形成经营风险积累，从而使得保险公司不得不通过提高保费来进行风险平滑，这会进一步增加道德风险与保险欺诈的发生概率，从而弱化了农业保险经营者的经营意愿。

除了系统性风险与道德风险影响了农业保险经营的收益水平与市场规模之外，农户参保的逆向选择行为也是农业保险市场失灵的重要原因。如Smith和Goodwin（1993）在一个实证框架中证实了农户个体的参保缴费水平与农业经营投入之间存在负相关关系。Coble和Night（1997）也发现，当农户存在产出的悲观预期时（较恶劣的气候条件或土地条件），往往表现出较强的农业保险参保意愿。这意味着，农业保险参保具有典型的投机性特征与逆选择行为，即农户在进行风险配置时，那些存在较高的风险需求、不确定的临时性损失以及市场价格风险偏高的农户总是具有更高的参保意愿（Glauber，2004）。这种逆向选择的存在，一方面降低了农业保险市场规模的可持续性，另一方面也弱化了保险公司的风险平滑能力，从而使得投保人较低的保费与可预期的风险补偿需求难以得到满足，造成供需方意愿偏离，且这种偏离难以通过市场化机制加以修正，最终表现为市场失灵（Hazell，1997）。

国内方面，也有较多的学者基于一般均衡分析或比较分析论证了农业保险的市场失灵特征。冯文丽（2004）将农业保险市场失灵的原因归结为我国农业保险制度供给的不足，系统性风险的存在，供求双方信息高度不对称导致的道德风险与逆向选择，以及农业保险本身具有的双重外部性特征，并认为，当不存在政府介入时，农户参保及保险公司供给的个体成本收益所表现出的社会性外溢①，是市场失灵的主要原因。周县华等（2017）、张跃华等（2016）则将市场失灵概括为农业保险偏高的交易成本，从而抑制了需求与供给，这种交易成本的增加表现在道德风险的存在提升的赔付成本、逆选择行为导致的风险成本以及农业风险的系统性引起的风险分散成本。段胜和刘阳（2012），赵小静和王国军（2016）则基于供需理论与福利经济学的分析证实，当农业保险无法实现农户潜在风险管理需求与风险精准分类时，或者降低了保障强度，或者导致了保费增加预期，都将对农业保险潜在需求形成冲击。

庹国柱（2012）强调，即使通过建立再保险与巨灾风险基金强化农业保险经营者的系统性风险分散能力，农户参保的道德风险与逆选择也是"防不胜防"的，传统的风险精细化管理与信息甄别难以完全抵消"背德"与"投机"形成的成本压力，微观经营的困境在缺乏有效政策供给的前提下也许是必然的。冯文丽和苏晓鹏（2014）进一步将农业系统性风险界定为"准公共风险"，并认为正是因为农业保险的准公共品属性导致了商业化运营模式的低效率，从而产生社会化风险向农业保险经营主体的转移，最终强化了保险公司的经营惰性，从这一维度看，政府基于财政工具进行补贴就是必然的。张祖荣（2017）则在自然实验法思路下基于统计分析证实了商业化农业保险对风险覆盖能力不足的结论，并认为这种结果就是由于农业保险的市场失灵特征所导致。

1.2.2 论证通过政府补贴修正市场失灵的相关研究

在农业保险存在"市场失灵"的理论共识基础上，诸多学者坚持政府以财政补贴的方式介入农业保险市场以刺激农业保险供给与需求，是破解市场失灵、实现农业保险市场规模增长的唯一途径（Hazell，1981；Mishra，1996；庹国柱、朱俊生，2005；James 和 Paul，2008；肖卫东等，2013），从而形成了政策性农业保险的基本框架与农业保险政府补贴的理论体系。

一部分的研究者从农业生产与农业保险的"外部性"及"准公共品属性"

---

① 这种社会性外溢表现在，农户参保消费的个体边际收益低于社会边际收益，而保险公司经营的个体边际成本高于社会边际成本，从而产生了成本负担压力与收益隐性化。

出发，论证了政府进行农业保险补贴的合理性与必然性。Hazell（1981）、Coble 和 Barnett（2013）认为，正是由于农业产品具有准公共品属性，考虑到农业保险对稳产、增收的积极作用①，政府通过财政补贴进行农业保险市场刺激就是合理的，虽然这会导致一定的财政压力，但农业保险市场规模增长所引致的社会正外部性收益，也会导致政府干预是帕累托有效且能够增进社会福利的。Ahsan 和 Kurian（2002）也认为农业保险有正的外部性特征，同时农业生产由于短期供需结构恒定，为了防止农产品价格波动（蛛网现象）与农产品稳定，政府应当进行农业保险补贴以稳定农户经营行为。Starita 和 Malafronte（2014）更是利用一个跨期福利迭代模型证实，从长期看，农业保险的政府补贴实际是一种政府收入的跨期配置行为，即使在福利风险参数非平滑条件下，农业保险补贴也是一种能够实现福利改善目标的策略，只要政府补贴规模不超过潜在的外部性收益即可。

还有一部分的研究者更多地从农业保险市场规模维持的视角论证政府干预的必要性。Goodwin（2001）、Skees（1986）认为，投保人的逆向选择与道德风险是难以避免的，且缺乏成本可控的有效甄别与规避手段，则政府基于维持农业保险市场规模的目的就应该承担这部分成本，即使这种补贴存在逆激励问题②，这也是政府必要的社会成本。Du 等（2014）强调农户总是具有多种低成本的风险分散化手段，如多元化经营、农产品期货交易、互助与合作模式等，为了实现农业保险市场规模的激励，政府通过保费补贴以强化农业保险吸引力就是必要的。Monte（2001）也认为，政府补贴策略的实施，能够实现有效的成本补偿，从而降低农户的风险逃避行为，这种隐性的福利补贴，有助于稳定甚至增加农业部门的要素投入，从而达到刺激农业产出的目的，而这一目标是政府难以通过其他政策工具实现的。Salami 和 Rostami（2018）则在一个包含农业供给可变弹性的内生增长模型中，基于均衡分析证实了农业保险政府补贴对农业技术进步的影响，因为当存在较强的风险保障时，资本投入要素的增加将引起诱导性技术进步，从而实现农业生产率的增长，此时政府补贴除了表现为微观福利补贴外，还因为潜在的技术收益而变得更为必要了。

而当样本对象集中于发展中国家时，政府通过财政工具进行农业保险市场

---

① 严格来说，农业保险是否能够实现增收与增产尚存在争议，基于各国数据的实证检验也始终难以形成一致的结论，但农业保险对稳定农产品供给的作用是毋庸置疑的，因为农业保险的风险保障本身存在增加农业经营投入的正向激励（周稳海，2014）。

② 这种逆激励主要指政府补贴的存在实际上一定程度激励了投保人欺诈，也一定程度上增加了欺诈成本。

干预就更为重要了。Skees 和 Reed（1986）认为由于发展中国家农业人口的收入偏低，从而表现出较低的风险管理意识，即对农业风险的"感知失灵"，且较低收入往往导致对保费的高度敏感，此时政府通过保费补贴以修正农业保险的需求不足问题就是必要的。Wang 等（2003）以印度、韩国、日本等亚洲新兴市场国家经验数据进行的实证分析证实，农业保险政府补贴工具的应用，实现了农产品供给的增加，从而在"减贫"方面成绩斐然，此时政府保费补贴就与转移支付承担了相同的福利性功能。Babcock 等（2004）则强调，考虑到发展中国家需要通过农业生产率提高实现资本要素向工业部门的挤出，则农业保险市场的启动对政府而言除了稳产、增收外，还有加速农业资本积累的任务，此时通过保费补贴以实现基本的风险保障能够形成增加资本投入的农户激励。同时，这种正外部性收益的增加，也允许发展中国家政府实施更大比例的财政补贴。

具体到中国，随着我国农业保险实践的逐渐展开，特别是 20 世纪 90 年代商业化农业保险运营的历程，更是证实一个缺乏政府介入的农业保险市场是难以实现规模增长的。在这一理解下，诸多的研究就侧重于论证农业保险政府干预的必要性与合理性，从而为我国政策性农业保险体系的形成提供理论支撑。

庹国柱和王国军（2002）、冯文丽（2004）、张祖荣（2006）、王敏俊（2007）、黄亚林（2014）、祝仲坤等（2015）、张跃华等（2016）、张伟等（2018）等研究突出强调了农业保险本质上的"准公共品"属性，因此私人市场主体是缺乏能力与意愿实现准公共品有效供给的，此时政府介入是必需的，这也成为我国政策性农业保险的理论依据。

在此基础上，另一些研究则基于正外部性理论视角寻求政府对农业保险进行补贴理论的合理性。冯文丽和林宝清（2003）、曹卫芳（2013）、张祖荣和刘从敏（2015）、何晓伟等（2017）认为农业保险的正外部性是毋庸置疑的，并主要表现在基础农产品供应的稳定、农民增收与优化农业结构、农业全要素生产率提高，此时政府补贴的存在能够有效地刺激农业保险需求，从而通过利益外溢实现正外部性收益，这就要求政府应该承担一定成本以强化外部性收益的规模与稳健性。方伶俐（2008）、吕晓英（2012）则基于消费者剩余分析考察了政府补贴存在时的福利曲线变动，政府补贴的存在能够通过扩大投入、稳定产出实现农产品价格稳定，从而克服了蛛网效应引起的价格波动与福利损失，此时将形成消费者剩余与福利曲线的上移，因此政府承担一定的社会成本也依然是帕累托有效的。施红（2009）、王根芳（2013）、张小东（2016）则基于公共集团视角在一个利益平稳分配框架中，讨论了农户福利保障问题，并得出了"政策性农业保险的存在，有助于农民福利谈判与福利分配"的结论。

此外，段胜（2012）、赵小静和王国军（2016）、吴东立和谢凤杰（2018）等则分别从系统性风险、农户道德风险等角度论证了政府缺位时的成本转移问题，并认为这种道德成本既然具有社会成本属性，就应该由政府财政予以承担，同时，政府补贴的存在也能够形成有效的农户参保激励，从而解决农业保险市场有效需求不足的问题，破解"供需双冷"的市场格局。

龙文军（2003）、王韧和邓超（2008）、费友海（2009）、毛顺标（2014）、牛浩和陈盛伟（2015）则使用有限理性的连续博弈模型分析了系统风险的存在以及背德行为对农业保险市场稳定策略与均衡实现的影响，并认为当政府缺位时难以实现纳什均衡，从而使得政府介入成为必然。施红（2009）则基于隐藏行动的理论假设论证了政府补贴对采取跟随策略农户的显著激励效应，从而为政府补贴的农户参保激励提供了证据。

可以说，正是农业保险市场失灵特征与政府干预必要性的分析，形成了政策性农业保险的理论框架，从而实现了农业保险市场理论与实践的统一，也助推了政策性农业保险的健康、有序发展。

1.2.3 政策性农业保险政府干预工具与补贴对象选择的相关研究

在政策性农业保险框架基本形成以及政府通过财政工具介入农业保险市场成为必然后，学术界的关注焦点逐渐转移到政府补贴模式的具体选择上，并包括如下几个问题：政府该对谁进行补贴，采取哪些补贴模式，政府该如何确定补贴比例与补贴强度等。

Glauber（2002）基于一个福利最大化模型，比较了政府补贴支出规模确定条件下的最优补贴对象问题，他认为考虑到农户与保险公司的契约不完备性特征，在保险公司一方政府补贴的监督成本相对较低，因此政府财政补贴的对象应集中在保险公司上，即给予保险公司经营费用补贴以降低保费、提升风险保障强度。Nelson和Edna（1987）也认为，相对于需求刺激，供给激励也许是更为重要的，因为保险公司的农业保险经营风险不确定性程度明显高于农户个体。Wang等（2003）则基于一个最优市场均衡模型证实，在保费具有价格黏性的前提下，相同的财政补贴强度对农户与保险公司的激励效应存在差异，单纯基于市场规模的角度，补贴保险公司带来的规模激励效应更佳。

但是，Sinha（2004）认为，当保险公司存在多元化业务结构时，补贴运营端将存在较高道德风险的可能，因为政府总是难以采取有效的事前监督策略，此时对农户进行保费补贴，虽然具有逆激励可能，但对刺激农业保险市场是更为有效率的。因为保险公司具有更大的策略空间与业务结构调整可能,针对农户的保费补贴将起到更大的市场激励效应。Sherrick等(2011)则基于农户参保意愿离散设定认为,考虑到农户保费激励的单一性与保险公司激励的规模性,保费补贴将是一种支出确定性更高的、激励效应相对稳定的方式,因而对有限财政支配能力的政府更为适宜。

更进一步地,还有一些研究探讨了同时进行农户与保险公司补贴模式的效应分析。Babcock等(2004)认为,保费补贴的沉淀成本较低,且能够更为便利地实现基于市场规模的确定性补贴支出,因而具有更高的可操作性。但是这一模式却存在一定的规模瓶颈,因为农业保险的系统性风险可能降低保险公司的规模收益,此时单纯针对农户的补贴可能将导致较强的参保意愿与较弱的供给意愿,因此,在给予保费补贴同时启动针对保险公司的经营费用补贴才是更为有效的。Coble等(1997)也认为,刺激需求与刺激供给对整体农业保险市场的影响是不同的,此时组合式补贴工具的使用是必需的。庹国柱和朱俊生(2007)也认为,采取保费补贴、经营费用补贴与再保险补贴的组合补贴工具是更具效率的政府干预模式。特别是对保险公司给予经营费用补贴,能够一定程度上激励保险公司进行业务创新、服务创新与管理创新,从而通过创新与成本管理效率的提升优化保险服务质量。张祖荣(2013)也认为,我国应在维持保费补贴的同时,尝试启动经营费用补贴工具,以强化保险公司的运营意愿。齐皓天等(2017)、史岩(2018)认为,在世界贸易组织(WTO)规则约束下,放弃单纯的提升保费补贴强度,转而实施针对保险公司的具有产品差异化的经营费用补贴以及再保险补贴,能够通过利用WTO"非特定产品支持"空间,实现优化农业保险业务结构,促进我国农业保险市场的规模突破。

在政府补贴工具的选择性分析之外,还有部分的研究讨论了政府补贴的最优强度问题。Seo等(2005)基于一个社会福利最大化的消费者方程,分析了政府最优补贴比例问题,结论认为政府最优比例的确定将完全依赖于农业保险的外溢性收益水平,政府最优补贴比例实际是边际收益为零时的补贴强度。但Cao等(2010)认为外部性收益实际是内生于保险市场的,因此最优补贴比例实际是政府收益边际变化的函数,考虑到政策的稳定性与延续性要求,最优保费补贴比例水平实际应该根据政府平均收益来确定。

不过,Diazcaneja(2011)以意大利为样本的分析认为,上述最优比例的确定存在均衡市场约束,是不具有可实践性的,在实际中,可以根据保险公司实际赔付与经营状况进行确定,政府应承担的成本损失可以介于保险公司经平滑处理后的亏损额的50%~70%。庹国柱和朱俊生(2005)则认为,政府最优比例的确定实际取决于政府对农业保险的激励预期，实际的补贴比例依赖于农业保险费率、政府财力与农户实际支付能力，因此在有限的财力约束下，政府可以依据试错性原则进行补贴比例的确定。伍中信和张娅（2008）则认为，在不对称信息前提下，政府补贴比例的确定还与保险公司的实际努力程度、农业保险的具体交易成本相关。胡炳志和彭进（2009）则认为，最优比例的确定高度依赖于政府在"广覆盖"与"低保障"间的权衡，在预期的政府效用函数约束下，政府最优比例的水平处于30%～50%的区间内。张若瑾（2018）以水稻保险为例，实证证明单纯依靠提高保费补贴比例并不能有效提升农民参保意愿。

1.2.4 农业保险市场供需主体的参与意愿与影响机制分析[①]

随着政策性农业保险理论体系的逐渐成熟与农业保险市场政府干预实践的渐次展开，相关的研究开始逐渐将重点集中在了对农业保险的供需主体——农户与保险公司供需意愿的分析上，并尝试在一个因果框架中通过实证模型分析农户参保决策与保险公司供给决策的形成机制与决定过程。

（1）农户主体参保意愿的影响机制分析

在政策性农业保险的市场体系中，政府干预的目标集中在实现对"农户参保"与"保险公司增加供给"的激励上。因此大量的研究重点关注农户参保意愿的决定与影响因素分析上，尝试借助于经验数据实证检验政府补贴强度、政府补贴模式对农户参保意愿的影响，并期望通过针对农户参保意愿的影响机制分析，探寻提升参保激励、扩大农业保险有效需求的现实路径。

Smith和Goodwin（1996）基于美国与加拿大的微观数据构建了农户参保的决策方程，实证结果表明政府补贴强度显著影响参保意愿，同时农户收入的波动性、非农性收入可能、产量预期都显著相关于参保意愿。Monte（2001）的实证分析则发现，农业保险的保费水平、政府补贴比例、农户资本存量与债务结构、农业经营的风险结构及知识水平、农业灾害预期概率等都与农户参保意愿相关，特别是市场风险的波动与农户风险感知能力，在很大程度上决定着农户的参保选择。Jaspersen等（2014）则在有效控制样本选择偏误基础上使用包含参保阈值的Extrema概率模型考察了亚洲新兴市场国家农业保险参保意愿问题，分析证实政府补贴工具的使用确实存在显著的参保激励效应，

[①] 为了保证逻辑结构的顺畅与严密，本书将与农户参保意愿不足及保险公司主体惰性的相关文献分散在本书第四部分、第五部分中，而不再在本部分集中介绍。

同时，农产品风险结构、农户风险管理意识与风险感知能力、保险市场的发达程度、农户收入结构与收入水平都不同程度地影响着参保意愿表达。结合我国的实践不难发现，农村金融服务水平、政策规制成本甚至交通设施基础便利性也显著相关于农户参保决策。

与此同时，Serra 等（2003）的研究发现，农户参保意愿的变动存在典型的阈值与门限效应，当收入存量越过阈值时，由于风险需求的减少，政府保费补贴对农户参保的激励存在边际递减特征，特别是对规模化经营户而言，经营规模扩大导致的风险需求增加与收入增长形成的参保抑制是同时存在的。Sherrick 等（2004）也发现，政府保费补贴对不同风险结构的农户存在差异性的激励效果，此时参保意愿更多的关联于农户实际的风险需求。

针对中国农业保险市场的现实，虽然微观数据的缺失在一定程度上影响了探讨农户参保意愿实证分析的深度与可靠性，但还是有诸多学者基于宏观数据或者是通过田野调查获得的微观数据借助于实证模型分析了农户参保决策影响机制。张跃华等（2005）构造了 Probit 概率模型分析了农户参保意愿的影响因素，结论表明农户收入的增长显著地提升了其风险管理意识，从而产生了较大的潜在参保需求，但较高的保费门槛与偏低的风险覆盖能力，降低了农业保险的吸引力。姜岩和李扬（2012）的实证研究则证实，农户风险感知能力与风险偏好，以及政府保费补贴强度显著影响农户参保决策的形成，特别是当农户收入结构相对单一时，政府补贴的存在将表现出更强的参保激励。

郑春继等（2017）则构建了二元选择 Logit 模型基于农户参保决策检验分析了农户选择性行为策略与参保意愿差异化的原因，他们发现，风险偏好者始终是参保积极者，同时年龄、知识结构、经验与收入能力等农户个体特征也与参保意愿相关，而且虽然我国农户存在较强的潜在参保需求，但由于制度供给缺陷与参保激励弊端的存在，农业保险市场存在潜在需求转化不足的问题。张崇尚等（2015）则重点分析了农户经营的资本结构、技术结构以及规模化水平对参保意愿的影响，结论认为种植大户总是表现出更强的参保意愿，同时资本投入的增加也会产生较强的风险保障需求，因此我国新型农业经营主体存在巨大的参保潜力。张若瑾（2018）也证实了农业保险补贴政策激励效益的提高，需要将农业保险补贴的重心转向大型农业经营主体。

值得说明的是，在政府补贴的存在以及政府补贴强度的提升是否能够显著激励农户参保这一问题上，现有的实证研究尚存在一定争议。施红（2008）、张朝华（2010）、姜岩和李扬（2012）、马岚等（2014）的研究支持政府补贴对农户参保需求的激励效应。同时，罗向明等（2011）、许梦博等（2016）、侯国庆和马骥（2017）的实证分析都指出，政府补贴强度的提升对农户参保的激励效应较弱，并认为这种政府补贴工具的效应弱化原因是我国农业保险对农户风险的完全覆盖比例低、风险保障能力弱有关。

（2）保险公司主体供给意愿的影响机制分析

以 Ramas 等（2017）为代表的研究在一个风险期权模型中讨论了农业保险市场的系统性风险与背德、违约水平对保险公司最优供给规模的影响，从而形成了以风险为切入点分析保险公司农业保险产品供给策略的框架。此后，Norton 等（2016）则进一步将风险期权模型拓展到含有非平滑风险转移因子及可变偏好水平的多阶段风险模型，进一步讨论了在不同的政府补贴策略下，保险公司农业保险产品供给的最优决策问题。

在此基础上，还有一些研究尝试基于计量模型实证检验保险公司农业保险产品供给结构的影响因素。Orencio 等（2013）以欧盟 17 家保险公司的经营数据分析了农业巨灾保险产品供给的利润结构选择，结论表明保险公司并未表现出显著地偏好于高收益产品的特征，但是持续性地过度赔付确实将减少保险公司的产品供给规模，同时保险公司存在通过利润配置平滑高风险农业保险业务的动机与空间，这意味着农业巨灾保险产品的供给是具有维持可能的。

国内方面，由于保险公司农业保险经营数据的缺失，我国尚未出现针对保险公司产品供给意愿的实证分析，更多的论文是基于规范分析与统计分析工具对农业保险公司供给意愿展开讨论。如赵莹（2005）认为，当保险公司经营农业保险存在公益性与盈利性冲突时，保险市场失灵将是难以避免的。詹德平（2010）则认为，虽然总体上农业保险具有较高的赔付水平与亏损概率，但保险公司通过业务创新与管理整合是能够从内部实现经营持平甚至盈利的，但这建立在一个相对成熟的市场体系中。

庹国柱（2017）指出，对农业保险经营难以实现盈利的认识也许是片面的，实际上我国农业保险公司在 2014 年之前简单赔付率始终低于 1，只是 2014 年后由于巨灾发生较为频繁，才导致简单赔付率超过 1。保险公司供给惰性的出现，可能更多的来自农业保险业务创新的难度与经营意愿的相对较弱。

钱振伟等（2014）、江生忠等（2015）基于保险公司经营效率的分析也证实，农业保险业务的低效率可能才是保险公司难以实现盈利性目标以及表现出供给惰性的根本原因。孙蓉和奉唐文（2016）也认为，基于专业农业保险公司实现盈利这一事实，保险公司的供给惰性可能更多的来自较低的农业保险经营效率，因此通过效率改善与业务管理优化实现成本控制，进而增加保险公司产品供给意愿的途径是可行的。

1.2.5 文献述评

从农业保险的市场失灵特征分析开始,应该说现有研究已经很好地解释了商业化农业保险为何难以维持的根本性原因,并且通过对政府补贴必要性的分析,提供了政策性农业保险框架形成的理论基础。

同时,伴随着农业保险理论体系的逐渐完善与丰富,基于实证工具对农业保险参与主体的需求与供给决策进行分析的研究范式也基本形成。特别是伴随着我国农业保险市场的逐步发展,对政府补贴工具、制度模式的选择,农户参保意愿影响机制等问题的研究逐渐深入,也为农业保险市场的现实特征提供了解释。

但是,在我国农业保险政策性框架基本确立、市场规模水平不断提升、保险密度与保险深度日益增加的同时,我国农业保险的发展依然表现出"市场总量偏小、农户风险覆盖能力弱、农业保险产品供给结构单一"的"供需双冷"特征。而这是现有的农业保险市场的针对性研究相对忽视,也未提供完整解释的重要问题。特别是在"政策性+商业化"农业保险市场基本结构下,该如何确定政策性与商业性的边界?该如何通过对农业保险产品供给主体的适度激励实现我国农业保险市场的"增品、提标、扩面",依然是一个有待厘清且亟待解决的现实问题。

也正是在这一理解下,本研究尝试基于"供需双冷""低水平均衡""保险排斥"的农业保险市场特征,提炼出"弱博弈均衡"概念,并从参与主体的行为策略切入,解读相关主体市场供需惰性存在的深层次原因,从而探寻破解弱博弈均衡的现实政策路径与策略细则,从而服务于农业保险市场的健康发展。

1.3 研究方法

本研究是从弱博弈均衡现象和由此产生的思考而出发,遵循"问题驱动"的研究思路,沿着"什么是弱博弈均衡—为什么出现弱博弈均衡—如何破解弱博弈均衡"的逻辑过程而展开分析。全书的具体研究方法可归纳如下。

1.3.1 博弈分析与实证分析相结合

基于主体有限理性假设,演化博弈分析工具,基于农业保险参与主体的利益偏好与行为逻辑对弱博弈均衡的出现提供解释。同时在反事实的干预—控制框架中，结合动态面板模型等计量工具，基于实际的经验数据分析农户农业保险参保意愿不足的影响机制。在此基础上，借助于包含非意愿产出的 DEA 模型考察了保险公司农业保险经营效率及经营惰性的存在性与影响机制，在基于定量分析层面对弱博弈均衡的出现提供解释的同时，也为前述的博弈分析提供了量化证据。

1.3.2　理论分析与比较分析相结合

农业保险的弱博弈均衡问题是一个基于实际的制度背景与保险市场特征的典型事实。无论是基于社会福利的改善，还是风险管理的政策目标，较为成熟的制度范式已经在成熟市场国家积累了丰富的政策经验。因此本研究在实证与数理分析基础上，进一步基于比较分析的研究范式，结合其他国家政策性农业保险的历史实践与农业保险体系特征，探讨破解弱博弈均衡格局，实现我国农业保险市场规模突破的现实路径与政策思路。

1.4　研究内容与结构安排

1.4.1　研究内容

本书的研究内容如下。

第一部分为"绪论"。阐述问题的背景、意义及研究价值，并对相关研究进行一个综合的梳理，同时给出本文的研究方法、结构安排及创新。

第二部分为"政策性农业保险的理论体系"。从利益相关者视角，在详细分析农业保险参与主体行为偏好与行为特征的基础上，基于现有研究的数理分析结论论证农业保险市场失灵的必然性以及政府干预的必要性，并在探讨政府补贴工具选择与补贴模式基础上，构建政策性农业保险的理论框架，为后续内容的博弈与实证分析提供理论基础。

第三部分为"中国政策性农业保险市场弱博弈均衡的现实观察与解释"，在细致分析我国农业保险实践历程与规律性反映的基础上，从相关研究提及的"保险排斥""供需双冷""低水平均衡"等概念基础上，结合中国农业保险发展的典型事实，概括我国"弱博弈均衡"的农业保险市场特征，并从宏观视角与微观视角阐述弱博弈均衡的基本事实，进一步地采用数理分析与博弈分析工具，对我国农业保险市场弱态特征及均衡维持的形成提供解释，进而为后续探寻破解农业保险市场弱博弈均衡路径提供证据。

第四部分为"基于农户视角的农业保险市场弱博弈均衡成因分析"。针对农业保险市场农户主体，借助于计量分析工具论证与分析弱博弈均衡格局中农户主体参保惰性的形成机制，也期望在实证检验农户参保意愿的决策机制与农户参保率地区分化特征的基础上，准确描述农户主体的农业保险参保影响机制及相关影响因素的现实作用路径。

第五部分为"基于保险公司视角的农业保险市场弱博弈均衡成因分析"，在对农业保险市场中保险公司主体的弱态特征进行分析，并从系统性风险、低利润率、边际成本高等视角对保险公司弱态——农业保险产品供给意愿不强的形成进行解释的基础上，从效率比较维度在实证框架下论证农业保险经营低效率的现实，并在一个 DEA 两步法的实证框架中分析影响与决定保险公司农业保险经营效率的真实作用机制。

第六部分为"农业保险市场弱博弈均衡的破解——路径选择与政策思路"，在借鉴其他国家政策性农业保险发展实践经验基础上，从抑制农业保险参与主体惰性的路径选择与强化农业保险主体激励实现规模弱态突破的政策建议两个方面，为我国完善农业保险市场的制度体系、构建"激励相容、约束得当"的政策性农业保险政策框架提出相关建议。

第七部分为"结论"，概括本研究的结论，阐述本研究的不足与可能的未来研究方向。

1.4.2 研究框架

本研究在"什么是弱博弈均衡—为什么出现弱博弈均衡—如何破解弱博弈均衡"的问题驱动思路下，重点分析了农业保险弱博弈均衡的成因、表现特征，并在"增品、扩面、提标"目标导向下，分析我国破解弱博弈均衡以实现农业保险市场规模突破的策略优化问题，研究框架如图 1-1 所示。

1.5 本研究的创新

本研究的创新主要有如下 3 个方面。

首先，使用"弱博弈均衡"精准概括了我国农业保险市场在参与主体有限理性策略下所形成的博弈均衡特征，并基于演化博弈分析与实证检验完整论证了"弱态"与"均衡"的存在及成因。本研究提出了"弱博弈均衡"这一概念以描述我国保险市场"农户低参保、保险公司低供给、政府适度补贴"

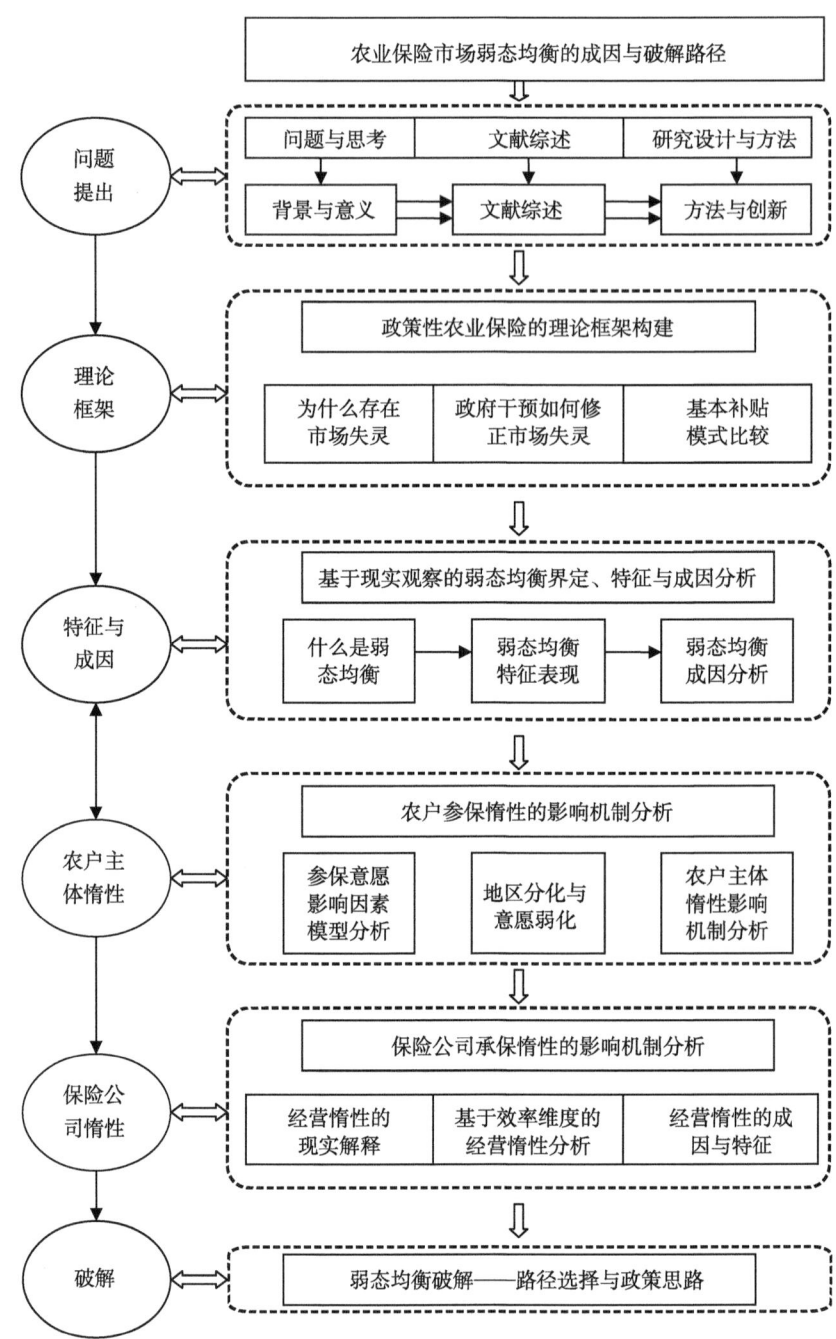

图 1-1 研究框架

的规模弱态与均衡弱态特征,从而精准概括了我国农业保险市场在参与主体有限理性策略作用下所表现出的"供需双冷",进一步地,本研究在一个演化博弈模型中通过稳定策略分析与仿真实验论证了弱博弈均衡的存在与主体惰性的成因,同时基于实证检验在分析农户与保险公司供需意愿的基础上考察了弱博弈均衡形成的机制,从而为通过"政府补贴边界拓展"这一强制性主体策略改变破解"弱博弈均衡"这一路径的合理性提供了证据。

其次,本研究测算了我国省际农业保险参保率,并基于该数据从地区分化的视角,在宏观维度上实现了对农户参保意愿高低的捕捉,从而使得基于实证框架分析农户参保惰性及其形成机制成为可能。本研究结合现有数据在推算与交叉验证基础上,测算了我国省际农业保险参保率水平,并利用该数据在"自然实验法"思路下基于地区分化特征构建了"高参保意愿、低参保意愿"的结构性数据(将低参保率地区视为低参保意愿组),解决了难以观测农户潜在参保意愿差异的困难,使得在因果框架中分析农户参保意愿差异成为可能,从而提供了一种考察弱博弈均衡特征下农户参保惰性的实证分析范式。

最后,将保险公司农业保险经营效率视为供给意愿的一个前置变量,实现了通过"效率"视角对保险公司主体惰性形成及影响机制的间接分析。由于农业保险市场供给端结构性数据的严重匮乏,使得基于实证工具分析保险公司供给意愿难以展开,本研究将保险公司农业保险经营效率视为供给意愿的一个前置变量,基于"低效率必然低供给"的理解,在 DEA 两步法分析中,从侧面寻找到一种通过分析效率实现的影响机制来解释农业保险公司经营现实与经营惰性的分析思路,从而使得基于实证模型解释与分析农业保险公司供给意愿与经营惰性成为可能。

2 政策性农业保险的理论体系

本部分尝试从利益相关者视角在详细分析农业保险参与主体行为偏好与行为特征基础上,基于现有研究的数理分析结论论证农业保险市场失灵的必然性以及政府干预的必要性,从而构建政策性农业保险的理论框架,为后续"弱博弈均衡"概念的提出及实证分析提供必要的理论基础。

2.1 农业保险的相关概念界定

2.1.1 农业保险

农业保险最早可以追溯到19世纪德国的农作物雹灾保险,这是一种基于市场化议价的、以财产保险为主要方式的专门针对农作物生长过程中雹灾风险的商业保险。而后,这一概念逐渐扩大到农业(种植业、养殖业等)生产经营中的多重风险。农业生产具有系统性风险水平高、灾害集中、规避手段匮乏的特点,且零散式的小规模农业生产方式也无法有效地分散农业风险。Halcrow(1949)、Miranda(1991)、丁少群和庹国柱(1997)、Glauber(2004)进一步从农业保险的功能、运营模式及预期目标等方面明晰了农业保险的内涵,即"农业保险是指农业活动经营者向保险人缴纳保费,从而享有在遭受农业经营损失时向保险人追索保险金的一种合约"。

我国2012年颁布的《农业保险条例》将农业保险定义为:保险机构[①]根据农业保险合同,对被保险人在农业[②]生产过程中因保险标的遭受约定的保险事故[③]所造成的财产损失,承担赔偿保险金责任的保险活动。

应该说,农业保险的定义在不同国家及不同研究中尚未形成一致性内容,

[①] 包括保险公司以及依法设立的农业互助保险组织等。
[②] 此处的农业具体为种植业、林业、畜牧业与渔业。
[③] 保险事故指自然灾害、意外事故、疫病或者疾病等。

但农业保险的核心内涵却是相对清晰与统一的，即农业保险的保障对象为农业生产经营中的风险，投保人是农业生产经营者，基本模式为保费缴纳义务与保险金获取权利，且农业保险本质上属于商业保险，是保险人（农业保险公司）与投保人（农业经营者）在自愿原则下基于协商而达成的一种合约。

2.1.2 政策性农业保险

政策性农业保险则是农业保险标的（农业生产产品）的外部性及农业风险本身的系统性特征约束下的产物。由于农业风险的集中性、区域性，农业风险单位的关联性，以及农业生产者低收入特征，导致了农户"低保费需求"与保险公司在灾后面临的"高赔付事实"形成了巨大反差，这使得完全基于农户需求、保险公司供给的市场化农业保险运营模式必然失败。同时农业作为国民经济战略性产业，所表现出的外部性也要求外部收益对价[①]。由此，政府以补贴的方式介入农业保险市场，通过保费补贴（针对农户）或者管理费用补贴（针对保险公司）刺激农业保险需求与供给成为一种通用的、各国普遍选择的政策工具，进而形成了政策性农业保险的基本框架。

换言之，政策性农业保险实际是"以保险公司经营的商业保险模式或者互助保险模式为依托，通过保险市场进行风险分散，政府则进行顶层制度设计，通过保费补贴、运营成本补贴、税收优惠等政策进行扶持，对农业生产经营主体的经济损失提供的保险制度安排"。它不同于一般的商业保险，是一种政府为保障农业稳定、支持农业发展而做出的制度安排。但其本质上并未脱离商业保险的范畴，只是由于投保人和保险标的的特殊性——农业经营者有支付能力的保险需求不足和农业具有的准公共产品性、正外部性，从而使得农业保险本身具有一定的公共服务功能，政府则通过对农民和保险机构提供政策支持以促进其公共服务功能的发挥（黄椿，2011）。

从各国农业保险市场的实践经验[②]以及我国农业保险市场的发展现实来看，农业保险市场呈典型的"政策性"特征。具体到我国农业保险，即通过中央和地方政府两级财政对关系国计民生的大宗农作物[③]与养殖生物[④]直接进行保费补贴；而对于地方特色农业生产活动，中央和省级政府采用"以奖代

---

① 这种外部收益对价是指由于正外部性的存在，使得政府通过补贴进行相应激励成为一种帕累托有效，此时政府干预的存在将增加整体福利水平。
② 详见第六部分。
③ 包括粮棉油糖作物。
④ 包括生猪、藏系羊、奶牛等。

补"的方式，鼓励地方政府（县）出于经济发展和政治红利的考量给予保费补贴、与其他支农政策挂钩等政策支持。因而，我国的农业保险从本质上来讲是政策性保险，而且已经成为"以财政资金撬动金融资源的有效方式"（胡学好，2017）（因此，本书中如不特别注明商业性农业保险，农业保险均指政策性农业保险）。然而这种"撬动"所带来的杠杆效应，并不取决于政策的强制力，而是取决于"撬动"所带来的对农业保险参与主体行为激励效应的发挥，即所谓杠杆的支点。只有在厘清农业保险参与主体行为逻辑的基础上，才能充分发挥农业保险政策的效率。

2.2 农业保险市场参与主体的行为偏好分析

为什么在农业保险市场中，必须通过政府干预以刺激农业保险需求及供给？这一问题实际是政策性农业保险的理论起点与制度逻辑（李怜燕，2011）。为了更好地回答农业保险中市场失灵的必然性以及政府通过补贴的方式干预农业保险市场必要性，本研究基于利益相关者视角，从农业保险市场参与主体的偏好分析入手，描述农户、保险公司以及政府在农业保险经营中的行为逻辑与行为策略，从而为后续我国农业保险弱博弈均衡理论框架的形成提供基础。

2.2.1 农业保险参与主体的界定

从农业保险的历史实践看，农业保险的参与主体主要包括政府、保险经营机构或保险公司（本书中不考虑相互保险模式，下文中将保险经营机构与保险公司均统称保险公司）、参保农户（图2-1）[①]。各参与主体在实际的农业保险经营过程中，正是基于主体自身异质性偏好决定了其行为特征与行为博弈的策略选择，并形成了农业保险的基本运营模式与政策框架。

当然，需要说明的是，在实际的农业保险政策框架中，参与主体的关系链条中还存在隐性的约束关系，如政府对农户除了提供保费补贴外，由于农业保险参保具有集体选择特征，此时政府补贴的存在将对农户形成一定强度的规制约束（张伟等，2011）。而在政府对保险公司进行经营费用补贴时，由于释放了较强的鼓励农业保险供给的政策信号，保险公司具有向上迎合以获取政治红利的意愿。即使不考虑农户与保险公司的政策响应，政府特别是地方政府也具

---

① 图2-1并未探讨再保险业务，此时的参与主体变为不同保险公司。

2 政策性农业保险的理论体系

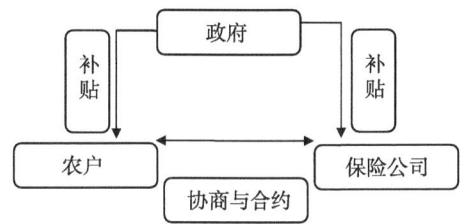

图 2-1 农业保险参与主体关系结构

有将农业保险参保与其他社会资源绑定从而强化参保约束的行为①。但考虑到上述提及的隐性约束关系难以定量描述，也缺乏更多的理论证据，以下的主体偏好分析不再涉及。

2.2.2 政府主体的利益偏好与行为逻辑

（1）政府主体的利益偏好

我国农业保险保费补贴实行中央、地方"联动补贴"机制，即中央财政的补贴要在省级财政补贴的基础上实施，中央财政补贴"关系国计民生和粮食、生态安全的主要大宗农产品，以及根据党中央、国务院有关文件精神确定的其他农产品"②，而地方政府"结合本地实际和财力状况，对符合农业产业政策、适应当地'三农'发展需求的农业保险给予一定的保险费补贴等政策支持"，从而形成了中央与地方的委托代理关系，成为相对独立的利益主体，表现为两大部分的利益关系。

第一，经济利益。政府通过适度补贴以刺激农业保险市场供求，其经济利益就通过保险风险补偿功能的发挥来实现，从而保证了农业再生产的顺利进行，进而实现稳产、增收等社会福利的改善，在总量维度上实现社会福利收益的提升。具体表现为农产品产量的增长和质量的提升，农业生产抵御风险能力的上升，以及农户生活水平的提高。从这个层面来看，中央和地方政府的经济利益偏好是无差异的，只是各有侧重。中央政府更侧重于解决"三农"问题宏观、长远的整体利益，而地方政府则更多地关注区域内的当期农业增产与农民增收。

第二，政治利益。农业稳定与农民增收的直接效应就表现在社会稳定与社

---

① 如我国部分县（市）存在将农业保险参保率与村镇低保批准数量挂钩的行为，或将农业保险参保率达标设为村镇获得机耕补贴、青苗补贴的资质之一。
② 财政部《中央财政农业保险保险费补贴管理办法》（财金〔2016〕123号）。

会公平的实现上，这也成为中央政府干预农业保险市场的主要出发点。而地方政府在承担了实现稳定与公平的社会职能同时，在现有的行政管理框架下，还具有完成政府考核目标、获取政治资源（晋升与嘉奖）与优惠政策（产业配套、中央专项补贴）的激励（周黎安，2004；李轶男，2012）。

(2) 政府主体的行为逻辑

根据 Monte（2001）的分析，政府进行农业保险补贴，其收益主要集中在社会福利的增进。这种福利效应主要表现在两个方面：一是考虑到农业产出的基础产业性质，政府具有通过农业保险保费补贴以稳定农业生产投入与农业产出的利益偏好。二是农业保险作为一种有效的灾后风险补偿机制，确实可以在一定程度上降低农业经营主体的不确定性预期，从而维持较高的农业生产资料投入强度作用（周稳海等，2014）。政府希望在外生预设的补贴费用下使农产品的产量变化波动最小①。

在稳产目标之外，农业保险作为一种风险分散与平滑机制，本质地具有对农业经营主体提供灾后风险补偿的功能。虽然农业保险参保对农户收入产出效应还与农业风险系数水平相关，但是农业保险能够提供一种稳定基本收入，从而保证农户在灾后不出现大的风险损失的功能已经为诸多文献所证实（Karlose 和 Wood，1996；Haod 和 Granger，2010；孙涵，2016）。因而，政府有责任更有动力推动农业保险市场去突破"弱博弈均衡"。

2.2.3 农户主体的利益偏好与行为逻辑

(1) 农户主体的利益偏好

第一，农户追求收益的最大化。农业保险可以实现风险转移，补偿农户经济损失，达到稳定农民收入的效果。此时农户作为农业保险消费者其利益偏好可以用消费者剩余来衡量（王根芳，2014），即农户收益函数可表为：

$$R = \int_0^Q (P_{\max} - p) \mathrm{d}x \qquad (2-1)$$

式中，R 为农户参保收益水平；$P_{\max}$ 为单位农产品农户最大可能支出即农户参保意愿；x 为农户投保农产品数量；p 为单位产品实际保费。

---

① 农业保险补贴是否能够实现农产品产出的增加，依然是一个有待检验的问题，特别是考虑到消费升级趋势下，我国对主要农产品的需求实际上维持了一个相对平稳水平，因此稳产而非增产也许更能准确地反映地方政府的利益偏好。当前我国农业保险实际上未实现"稳产"，也未实现"增产"，在城乡收入差距偏大、非农务工收入边际投入远低于农业部门的现实下，农户家庭的福利实现更多的集中于务工还是务农的选择，农业保险对农业收入的激励强度明显不足。同时，由于我国农业保险赔付水平较低，因而并不能够有效地保证粮食产出的稳定。

当考虑政府进行农业保险保费补贴时，不妨假设单位产品保费补贴比例为 s（这里不考虑政府对不同农产品的差异化补贴策略），则农户收益函数变为：

$$R = \int_0^Q [P_{\max} - p(1-s)] dx \qquad (2-2)$$

第二，农户追求预期效用的最大化。农业"保险是以一笔确定性保费支出，转移未来可能发生的损失，来实现个人效用的最大化"（张卓和尹航，2018b）。用 r 表示保险公司的赔付比例，$I(r)$ 表示预期赔付水平，农户参保的预期效用 U_F 可以表示为：

$$U_F = \int_0^1 \int_0^Q U[R + I(r) - p] dx dr \qquad (2-3)$$

$s \neq 0$，则农户投保的预期效用水平调整为：

$$U_F = \int_0^1 \int_0^Q U[R + I(R) - p(1-s)] dx dr \qquad (2-4)$$

式（2-4）中，由于政府进行了农业保险保费补贴，从而增加了农户的农业生产的收益水平，也提高了农户的参保意愿。此时政府财政补贴强度与投保农户的保费成正比，只要存在政府补贴，农户的参保收益将明确增加，政府补贴的农户参保激励在风险收益上的作用是毋庸置疑的。

第三，理赔的时间成本低。因为我国农村经营户在收入水平偏低、收入结构单一、存款储备不足的前提下普遍是缺乏抗风险能力的，因此灾后的赔付时间就成为参保的一个重要考量。特别是在我国当前的农业保险运营体系中，农业保险赔付并非按照传统的理赔模式进行，而是以村、镇、乡为单位进行集体化与规模化理赔，这使得农业保险理赔的速度远低于一般性商业保险，更增加了农户对农业保险赔付时间的利益要求。

第四，风险配置能够适应农户实际。施红（2009）在解释我国农业保险参保率较低的现实时，提出了一个风险配置结构不匹配的概念。即农业保险参保率低的根本在于农户现实经营活动中的风险结构与保险公司经营农业保险时提供的风险结构存在不匹配。如"谷贱伤农"是农户经营风险中最主要的风险源，即由于农产品价格波动导致的收益变化，而保险公司的风险管理结构则偏重于自然灾害、极端天气事件、病虫害等风险，这使得保险公司的风险结构无法覆盖农户实际风险管理需要，从而产生了参保的逆向激励。因此，我国农户具有希望保险公司提供的农业保险产品能够尽可能覆盖农户风险需求的利益偏好。

（2）农户主体的行为逻辑特征

第一，风险感知存在差异。农户的家庭构成、年龄、性别、文化程度、务农年限等都会影响其对于农业风险的感知,进而影响参保决策。Monte(2001)基于微观数据证实农户风险感知水平与农户参保意愿间显著正相关。农户参保具有典型的盲从性"跟随"特征,可观察到的周边农户曾经的获赔经历是农户参保的重要决策因素(张卓和尹航,2018a)。此外,对政府的灾后救济的依赖心理,对灾害发生的侥幸心理以及对保险认识的不足也会影响农户的投保行为。

第二,对保费水平、风险保障水平相对敏感。在我国农户普遍处于收入水平相对较低的阶段,同时由于农业保险标的的成长性使得农业保险往往仅能够覆盖物化成本,这一定程度上影响了农业保险的风险保障能力,从而使得农户较易对农业保险产生"高风险、低保障"的理解。此时农户将对保费水平与风险保障水平高度敏感,即使农业保险参保是典型的正收益行为,农户也往往由于较低的风险意识产生参保惰性,从而降低了农业保险参保的边际效应。

第三,多元化的农业风险分散手段对农业保险参保的挤出效应。我国"家庭关系型"社会结构使得代际转移支付长期以来是作为农村家庭抵御收入风险的主要手段而存在,同时农村劳动力迁移的时间与机会成本降低也使得外出务工成为农村家庭增收与平滑农业风险的重要渠道(周延等,2010),此外,即使在家庭作坊式的农业小规模生产模式下,农业经营的分散化与多样化也成为趋势,这使得农户具有多种分散农业风险以保证灾后福利水平的手段,这一定程度上弱化了农业保险的风险保障能力,也减弱了农户参保的积极性。

第四,逆向选择与道德风险。一方面,农业生产信息获取难度大,农户是农业生产信息的优势方,掌握农业保险标的面临的实际风险及损失程度。风险大的农户的投保意愿更强,造成农业保险市场积聚大量高风险农户即逆向选择。另一方面,参保农户可能会减少甚至放弃风险预防和损失控制的努力,产生道德风险,增加保险公司的赔付压力,挫伤保险公司开展农业保险的积极性。

2.2.4 保险公司主体的利益偏好与行为逻辑

(1)保险公司的利益偏好

第一,企业逐利目标。由于参保农户的机会主义行动倾向(甚至不惜骗保)、农业风险的巨灾特征以及风险单位的高度相关性降低了保险公司的农业保险经营意愿(Miranda 等,1997),而农业保险费率高,保险补偿强度低,缺乏对农户参保的有效激励(庹国柱和王国军,2002),据此完全市场化的基于农户—保险公司双主体结构的农业保险制度设计难以实现化解农业风险、保障农户福利的政策目标。在这一理解下,基于农业保险的准公共品属性(冯文丽,2004),单纯依赖保险公司的农业保险供给是低效率的。如果保险公司的农业保险业务利润率可以表示为:

$$R = \frac{S - C - P}{S} \quad (2-5)$$

式中,S 表示公司经营农业保险的保费总收入;C 表示公司经营农业保险的费用成本;P 表示农业保险业务赔付支出户。由于农业风险①的特殊性,农业保险业务的经营管理费用必然高于其他财险业务($\frac{\partial C_{农业保险}}{\partial Q_{农业保险业务}} > \frac{\partial C_{其他财险}}{\partial Q_{其他财险业务}}$),从而抑制了保险公司的供给意愿。

为了分析的简便,此处将保险公司的业务分为农业保险业务(供给量为 Q_1,保费为 p_1)、非农业保险业务(供给量为 Q_2,保费为 p_2)部分,保险公司经营成本亦分为固定成本为 C_F 和可变成本为 $C_V(Q_1, Q_2)$,预期保险赔付为 $R(Q_1, Q_2)$,经营农业保险业务的保险公司的利润函数可表示为:

$$\pi = p_1 Q_1 + p_2 Q_2 - C_F - C_V(Q_1, Q_2) - R(Q_1, Q_2) \quad (2-6)$$

则利润最大化目标就具体化为:

$$\max \pi = p_1 Q_1 + p_2 Q_2 - C_F - C_V(Q_1, Q_2) - R(Q_1, Q_2) \quad (2-7)$$

其一阶条件为:

$$p_1 = \frac{\partial C_V}{\partial Q_1} + \frac{\partial R}{\partial Q_1} \quad (2-8)$$

$$p_2 = \frac{\partial C_V}{\partial Q_2} + \frac{\partial R}{\partial Q_2} \quad (2-9)$$

有:

$$\frac{p_1}{p_2} = \frac{\frac{\partial C_V}{\partial Q_1} + \frac{\partial R}{\partial Q_1}}{\frac{\partial C_V}{\partial Q_2} + \frac{\partial R}{\partial Q_2}} \quad (2-10)$$

显然有 $\frac{\partial C_V}{\partial Q_1} > \frac{\partial C_V}{\partial Q_2}$,且我国农业保险供给的边际成本正处于递增区间,这是由于新型农业生产主体以及多元化的农业产品带来的对于农业保险产品和服务创新的需求不断增加(丁少群和樊夏朵,2018),进一步加大了农业保险业

---

① 本身具有风险单位高度相关,系统性风险难以分散的特点。

务创新的成本，如创新型保险产品的开发，风险保障服务的提高，理赔服务质量的上升等，从而挤占了农业保险业务利润。再加上农业保险市场系统性风险、道德风险以及逆向选择问题的存在，特别是风险单位的高度相关，使得农业保险经营往往面临比其他保险业务更高的边际赔付支出即 $\frac{\partial R}{\partial Q_1} \geqslant \frac{\partial R}{\partial Q_1}$。因此，实行农业保险业务固定比例和险种的保费补贴显然无法实现对保险公司供给的有效激励，从而造成保险公司农业业务经营的惰性甚至萎缩。

第二，新型农业主体的出现，农业产品的多元化，以及农业风险的多样化，对于农业风险保障的内容和服务都提出了更多的要求。这进一步提高了农业保险供给的边际成本，从而降低了农业保险经营公司扩大供给规模、进行业务创新的意愿。

因而，政府对保险公司进行经营费用补贴和税收优惠政策，可以在一定程度上纠正农业保险市场的供给惰性。

(2) 保险公司主体的行为逻辑

第一，保险公司基于风险可保性理论，也更倾向于提供尽可能低的风险保障水平。对于承保主体而言通过汇聚大量同质风险，汇聚相互独立的损失来实现风险抑制，通过收取保费建立保险基金，用于偿付、投资而实现保险公司收益。某项业务最低可接受保费收入为 H，保费收入 $\sum P$，投资收益率为 i，初始资产 W，风险保障水平 $\sum S$，保险人承保该种风险的期望效用 $E[V(W+H-\sum S)]$ 大于等于其初始效用即为可保风险业务（张卓和尹航，2018b）：

$$E[V(W+H-\sum P)] \geqslant V(W)$$
$$s.t. \ (1+i)\sum P \geqslant H$$
(2-11)

保险本身是一种实现风险转移，进行损失分摊的风险管理方法，通过风险汇聚安排，在不改变每个投保人或被保险人期望事故损失概率和程度的前提下，减少极端损失发生的概率，即减少了投保人或被保险人平均损失的标准差，实现对每一个参保人必须承担风险的抑制。但由于农业风险种类繁多，覆盖范围广，季节性、区域性明显，具有巨灾风险的特征，其风险单位往往具有一定的相关性，在进行风险汇聚安排时，损失的正相关性会在一定程度上降低其对风险的抑制程度，从而使其可保性降低。保险公司就会尽可能低的风险保障水平 $\sum S$ 来实现盈利。

第二，农业保险经营公司缺乏农业保险产品创新与供给规模扩大的动力。保险公司的农业保险业务创新则体现在产品创新和服务提升两个方面。由于农业保险业务本身利润率低，保险公司就会倾向于将产品创新成本投入其他业务中。伴随着农业保险业务成本费率的上升与经营风险的积累，保险公司供给的积极性下降。而且，由于农户与保险公司的对接具有典型的规模收益特征，随着农业保险覆盖率的逐步增大，规模性经营者基本被纳入农业保险体系中，此时的农业保险增量客户就主要集中在交通不便利、农业经营规模小、对保费高度敏感的零散农户上。此时农业保险经营公司的农户对接成本将显著增加，如不得不派驻更多的业务员、花费更高的交通与差旅成本等，但是展业的质量却未见得有所提升，这也进一步弱化了保险公司的供给意愿与创新意愿。

第三，由于新型农业技术的复杂度进一步上升，保险公司与农户间的信息不对称程度将进一步增强。保险公司实际上缺乏有效的手段对农户进行成本核算与定损，对相关产品也难以准确进行风险识别与费率精算。此时农户道德风险的概率将明显增加，即虚报成本或虚增损失的发生概率与货币价值相较其他农产品都存在上升的可能。同时由于新型农业经营主体缺乏户户间、村村间的一致性，这使得参保用户间的监督效力也随之下降，且新型农业经营主体往往经济实力较强，更具有与村集体进行合谋的能力，这将使得依托行政力量进行道德风险监管也是失效的。此时保险公司针对新型农业的保险产品将存在较高的机会成本与道德风险损失，最终使得保险公司表现出创新惰性，满足于现有的农业保险产品体系，而缺乏进一步创新的意愿与能力。

2.3 政策性农业保险的理论框架

2.3.1 对农业保险市场失灵的理解

政府通过财政补贴进行农业保险市场干预的必要性，是政策性农业保险理论的起点。一般而言，农户对于损失程度较小的农业风险可以通过借贷或者种植作物多样化等方法来实现风险分散。但是，当灾害损失达到一定的程度时，这些传统的风险管理办法就难以发挥作用（冯文丽，2004）。保险则可以通过损失补偿功能的实现保障农业再生产的进行。然而，农业保险市场的特殊性就在于农业生产风险往往具有风险水平较高的特征（张跃华等，2016），加上农业保险市场中严重的信息不对称使农业保险往往处于一种市场失灵状态（庹国柱和王国军，2002）。

从农业保险市场需求主体来看，有效需求不足进一步降低了农业保险业务的规模收益，从而提高农业保险的运营成本。制约农业保险市场需求的因素来自多个方面：一是农户的风险认知与农业风险损失之间的存在差异（周县华，

2010),从而存在一定的侥幸心理,造成购买意愿不强;二是农户收入有限,难以承受过重的保费负担(邢鹂,2003);三是现有的农业保险产品和服务的设计不能满足新型农业经营主体的需要(丁少群和樊夏朵,2018);四是农业保险本身的正外部性特征,使得其实际需求相对于社会最优需求水平显著不足;五是随着农户非农经济收入在家庭收入中占比的上升,客观上降低了农业生产风险管理对农户的重要性,制约了农户对农业保险的需求。

从农业保险市场供给主体来看,农户道德风险的存在将使得保险公司无法有效识别被保险人的保险欺诈与投机,从而面临较高的风险损失。因为在信息不对称前提下,保险公司是无法观察到农户在实际经营活动中投入的资本构成与规模的,只能依赖于农户的灾后损失报告,或者是借助成本较高的定损、理赔技术(柴智慧,2014)。而这种损失欺诈行为在无法完全甄别情况下,必然增加保险公司的农业保险运营成本与实际赔付水平,从而降低保险公司的供给意愿。而且,农业保险的系统性风险过高,导致很难有保险公司有能力与意愿提供足够的农业保险服务,甚至导致保险公司完全性地退出农业保险市场。

2.3.2 政府干预与市场失灵修正

正是由于农业保险市场失灵特征的存在,使得农业保险的市场化运营模式难以确立,也因此政府通过补贴的方式介入农业保险市场,进而对农户提供参保激励、对保险公司提供供给激励就成为诸多国家几乎一致性的政策选择,并就此形成了政策性农业保险的一般框架。

在这一政策性农业保险框架中,政府通过保费补贴激励农户购买农业保险,同时以风险金或者经营管理费用补贴的方式对保险公司进行经营风险平滑,以实现对保险主体的双重激励,进而提高农业保险市场规模,发挥农业保险的风险管理功能,以克服农业保险的市场失灵问题。具体来说,政府以补贴的方式介入农业保险市场以修正市场失灵主要体现在以下3个方面。

一是政府通过保费补贴提供了一种农户参保激励。补贴农业保险产品的价格即保费,可以实现在一定程度上刺激需求。在实际的风险手段选择上,农业保险保费支出取决于农户选择的边际机会成本及不确定性预期下的收益现值水平(Miller,2000)。而政府提供保费补贴,无论其补贴强度高低,都可以有效降低参保的边际机会成本,从而使得农业保险进入农户风险规避决策集的概率大大增强。二是政府针对保险公司的补贴,在降低农业保险经营成本的同时,形成了政府—保险公司的风险共担体,从而降低了农业保险经营面临的极端风险。三是在一定程度上提高农业风险的可保性。风险的可保性包括两个要件,即风险必须是可以识别并量化的且存在合理的风险定价。通过农业保险保费补贴和经营管理费用补贴,既可以保证不流失潜在客户,又可以保证保险人获得一定的竞争性受益。

如前所述,由于农业保险存在典型的市场失灵问题,政府通过补贴的方式进行干预就成为必要。这种干预主要表现为政府对农户直接提供保费补贴以降低农户的参保缴费,或是将补贴对象集中在保险公司,通过对保险公司提供经营费用补贴以降低保险公司主体的成本压力以刺激其供给意愿。

当政府通过保费与经营费用补贴对农业保险市场进行干预模式下,随着政府补贴强度的增加,能够在均衡得以维持的条件下,不断地降低农业保险参保缴费费率,也能够提升均衡风险保障水平,政府干预的存在,既保证了对农户参保提供足够的激励,也能够通过降低保险公司成本压力形成经营激励,从而很好地克服了农业保险市场失灵导致的供给不足问题。

2.3.3 政府补贴工具的选择

根据前文的分析,无论政府采用何种补贴模式对农业保险市场进行干预,都能够起到降低保费、提升风险保障强度的相似激励效应。但是,在有限的政府财力约束下,一个基础性的问题就此产生,即何种补贴模式是更具福利效应的方式?或者说,在激励参保与福利增进的目标下,政府究竟该采取何种干预模式进行干预?

对此问题的回答,学术界始终未能达成共识。一部分研究者坚持认为保费补贴是更优的政府干预策略。因为在有限理性约束下,保费补贴这种直补方式,更能够让缺乏足够风险感知能力的农户观察到,从而保证足够的参保激励强度(Monte,2001)。此外,考虑到农户与保险公司间存在市场势力差异,因而基于保费而非成本补贴的方式更能够保证农户的补贴福利水平,以降低保险公司合谋对农户福利的剥夺(Sherrick 等,2004)。还有一部分学者则认为针对保险公司的经费补贴更能够保证补贴效率。因为农户存在典型的农业保险投机行为,而这种投机行为在信息不对称条件下是无法有效甄别或甄别成本是难以接受的(Ramirez 和 Shonkwiler,2017),此时为保证保险合约的达成就应该考虑违约机会概率与机会成本,即正是因为保险公司违约概率较低使得更具效率的补贴对象为保险公司。此外,从产品创新的视角看,对保险公司进行直接性的成本补贴,也有助于保险公司增加农业保险经营投入与产品创新,因为补贴的存在保证了一定程度的特许利润(Goodwin,2005),这种特许利润的存在将促使保险公司扩大产品供给,并存在进行产品创新以刺激保险需求的动机。

但是，由于政府在农业保险市场对保险公司的保费定价与风险保障约束缺乏硬性力度，在保险市场缺乏有效竞争的前提下，保险公司实际是缺乏通过成本降低来实现保费水平降低与风险保障强度提升的实际意愿的。不妨考虑一种极端情况，即在政府给予成本补贴的同时，保险公司依然维持既定的保费水平与风险保障水平，保费与风险保障强度偏离了均衡水平，此时保险公司实际通过垄断获取了价格垄断利润与服务垄断利润。在政府付出了农业保险补贴支出的同时，虽然实现了福利增进，但却是一个帕累托无效过程，且政府的福利补贴全部被保险公司分享了，此时将无法实现对农户的参保激励。

概括来说，虽然政府两种补贴模式在长期均衡约束下，都能够实现降低保费与提升风险保障强度的激励，但是由于保险公司存在道德风险可能，保费补贴相对于经营费用补贴而言，也许是一种更为直接、透明与公平的政府补贴模式。在这种条件下，政府补贴所能够提供给农户的消费者剩余将完全被保险公司所占有，此时政府补贴虽然能够对保险公司形成增加供给的激励，但将严重影响到农户参保热情，从而无法保证对农户端的有效激励强度。

当然，现实中大多数国家注意到了政府补贴对象选择的效应差异，因而前期普遍性地选择"农户保费补贴"策略。但后期由于这种补贴模式难以有效克服保险公司逆向选择从而导致农业保险产品的市场有效供给不足，保险公司也缺乏通过产品创新进一步满足农户风险需求的意愿，因此开始使用"农户保费补贴"与"公司经营费用补贴"并行的模式，期望通过这种双主体激励策略来尽可能克服农业保险的市场失灵问题，从而达到稳定农业产出、增进农户福利的预期目标。

2.3.4 政府补贴工具的主要形式

如前所述，针对农户的保费补贴是更具效率的补贴工具，但现实中，大多数国家注意到了政府补贴对象选择的效应差异，因而前期普遍性地选择"农户保费补贴"策略。不过，在有限的政府补贴总额约束下，该如何进行补贴策略分配依然是一个有待厘清的问题。在更多的农业保险政策实践中，往往对农户在特定农产品上实行"比例补贴"策略，并保证"应保尽保"，而对保险公司，则更多地采取经费核销策略，即保险公司在经营年度结束后进行管理费用与农业保险亏损核报，政府再根据财政能力给予差异化比例的补贴。

总体看来，大多数国家农业保险补贴工具选择都使用了组合式策略。一是农户、农业生产组织的保费补贴。农业保险保费补贴是政府对符合条件的农业保险业务按照保费的一定比例进行补贴。我国农业保险补贴实行中央、地方"联动补贴"机制，即地方自愿开展并符合条件的基础上，财政部按照相关规定提供保险费。二是农业保险经办机构经营费用补贴及税收优惠。以此增加经办机构的供给激励，如美国的联邦风险管理局对经办农业保险业务的私营保险公司提供的管理费和运营费21%~24%的补贴。但是农业保险经办生产经营费用难以剥离，核算难度较大，可以采用税收优惠的办法进行供给激励，如我国对农业保险业务免征增值税，且农业保险（种植业、养殖业）合同免征印花税，保费收入按照90%计入纳税所得额。三是设立大灾风险准备金或者进行再保险安排。如我国《农业保险条例》规定经营农业保险业务的保险机构，应当有稳健的农业再保险和大灾风险安排以及风险应对预案。

2.4 小　结

本部分在分析农业保险参与主体的利益偏好与行为逻辑特征的基础上，论证了农业保险市场所存在的市场失灵现象与政府通过补贴的方式进行市场干预的必要性，构建了政策性农业保险的理论框架。

具体来说，即使不考虑道德风险、逆向选择及系统性风险对农业保险市场的影响，在缺乏政府干预时，市场失灵也是保险参与主体追求效用最大化目标的必然结果。因为在较大规模的保险市场中，增加保费或降低风险保障强度是保险公司利润目标约束下的理性策略。而政府通过保费补贴或者经营费用补贴进行市场干预，则能够在均衡得以维持的条件下，不断地降低农业保险参保缴费标准，也能够提升农业保险风险保障强度，从而一定程度上修正市场失灵。

此外，在政府干预的具体补贴策略选择上，若以稳定风险保障水平、刺激保险市场规模扩大、增进农户福利为政策性农业保险目标，则政府通过"保费补贴"方式的干预能够实现对农户与保险公司的双重激励，且具有相对公平的政府福利分配结构。而政府"经营费用补贴"的干预策略，则存在福利分配向保险公司倾斜、不利于农户参保激励的负面效应。因此，政策性农业保险中，以"保费补贴"或者"保费+经营费用补贴"模型是一个相对优的策略选择。

3 中国政策性农业保险市场弱博弈均衡的现实观察与解释

本部分在对我国农业保险市场的历史实践进行阶段性分析与概括的基础上,从相关研究提及的保险排斥、供需"双冷"、低水平均衡等概念基础上,结合中国农业保险发展的典型事实,将农业保险市场的整体发展特征概括为"弱博弈均衡",并尝试在宏观视角与微观主体视角阐述弱博弈均衡的基本事实基础上,从理论与演化博弈的视角,对我国农业保险中"农户参保意愿弱、保险公司创新热情低、政府补贴边界不清"的弱博弈均衡特征形成及均衡维持提供解释,进而为后续探寻破解农业保险市场弱博弈均衡路径提供证据。

3.1 政策性农业保险的中国实践

3.1.1 中国农业保险实践的阶段性历程

中国农业保险的实践最早可以追溯到 1934 年在安徽乌江推行的耕牛互助合作保险。此后,广西①、江西、四川等地也陆续成立了家畜保险合作社,广东也建立了耕种基金保险,此后国民政府在重庆兴办的"中国农业保险公司"承保(耕牛、生猪)牲畜保险业务,则开启了农业保险行政化经营的尝试。但这一阶段的农业保险依然属于小规模的、非系统性的、以农户为资本金供给主体的农业风险管理实践,且难以逃脱无法生存与无法盈利的结果。

中华人民共和国成立以后,借鉴前苏联农业保险体系,1949—1958 年我国曾经短时期地进行了农业保险(牲畜保险和种植业保险)试运行,但这一阶段农业保险完全属于亏损经营,虽然为农户风险损失提供了一定程度保障,但整体的农业保险运营完全行政化与非市场化,更多地蜕变为一种农民风险补

---

① 广西壮族自治区,全书简称广西。

贴,后期在人民公社改造完成后开始停办。

因此,严格意义上说,我国以政府、农户与保险公司为主体,主要依托市场化机制的政策性农业保险实践实际始于改革开放后,根据农业保险市场发展的不同历史特征进行阶段性回顾如下。

(1) 第一阶段:行政化向市场化过渡阶段(1982—1992年)

1982年,中国人民保险公司重新启动了种猪、棉花、小麦与水稻农业保险业务,到1994年承保农产品逐渐发展到三大类,12种农产品①,100多个险种。这一阶段,由于中国人民保险集团股份有限公司(以下简称中国人保)的基本经营策略为以其他险种利润弥补农业保险亏损,因此农业保险基本上呈现出"低保费"特征,在一定程度上刺激了农业保险市场需求。表现为参保户次从1982年的762户次迅速增加到1992年的628万户次高峰,保费收入维持了年均23.29%的增速,如表3-1所示。

表3-1 1982—1992年中国农业保险市场统计

年份	农业保险保费收入（亿元）	财险保费收入（亿元）	农业保险保费收入占比（%）	农业保险赔付率（%）	财险赔付率（%）
1982	0.002	7.500	0.03	124.60	27.45
1983	0.017	10.100	0.17	142.40	36.24
1984	0.100	14.300	0.70	73.70	19.32
1985	0.400	21.600	1.85	83.70	15.37
1986	0.800	37.000	2.16	86.50	38.23
1987	1.100	41.900	2.63	68.20	27.41
1988	1.400	57.300	2.44	156.20	9.76
1989	1.600	74.400	2.15	73.80	17.23
1990	2.300	96.000	2.40	100.40	28.41
1991	5.000	130.100	3.84	128.40	18.34
1992	8.700	199.500	4.36	103.20	7.34

数据来源:历年《中国保险年鉴》。

在这一阶段,尽管以中国人保为主力,地方政府以及地方性的相互保险组织为辅助,在全国范围进行了农业保险实践,但经营模式仍然呈现出区域性、小范围性的特征,难以实现精算层面的有效风险分散。总体看来,1982—1992年,我国农业保险经营思路呈现出典型的"行政化"向"市场化"过渡阶段,

---

① 粮、棉、油、菜、烟、牛、马、猪、鱼、虾、禽类及部分经济动物。

在农业保险业务初期，中国人保作为国有企业实际承担了通过农业保险稳定农业生产及保障农民收入的社会管理职能，农业保险经营思路也属于"不计盈亏"与"应保尽保"。由表3-1可知，这一阶段农业保险的平均赔付率远高于财产保险的整体赔付率。应该说在这种单纯公益性与社会性目标驱动下，农业保险市场确实得到了有效刺激。

（2）第二阶段：市场化向政策化过渡阶段（1993—2006年）

随着人民保险公司在1993年完成商业化改革，股份制公司的盈利性目标与农业保险经营的公益性目标冲突逐渐加剧，在盈利性约束下中国人保为应对农业保险成本压力逐渐缩减了农业保险险种规模与基层机构数量，甚至停办部分农业保险业务，使得我国农业保险市场开始出现萎缩。2004年中国人保上市则进一步增强了其盈利的股权约束强度，使得中国人保开始逐步缩减农业保险供给，农业保险保费收入也从1992年的8.7亿元峰值迅速下滑到2004年的4亿元，如表3-2所示。保险公司商业化进程中，农业保险保费水平也出现了不同程度上升，更加抑制了农户的参保意愿。参保户次的迅速下降，也使得在我国保险市场规模日趋扩大的大背景下，农业保险业务却呈逐渐萎缩态势。

表3-2 1993—2006年中国农业保险市场统计

年份	农业保险保费收入（亿元）	财险保费收入（亿元）	农业保险保费收入占比（%）	农业保险赔付率（%）	财险赔付率（%）
1993	6.20	267.40	2.32	99.30	19.37
1994	3.40	336.00	1.01	111.70	11.24
1995	5.80	421.10	1.38	87.10	10.63
1996	6.80	443.20	1.53	106.40	17.31
1997	8.40	480.70	1.75	163.70	7.35
1998	7.60	499.60	1.52	137.50	15.31
1999	6.70	521.10	1.29	163.40	28.41
2000	6.20	598.40	1.04	126.40	9.77
2001	5.80	685.40	0.85	77.40	13.26
2002	4.70	778.30	0.60	76.30	11.73
2003	4.64	869.40	0.53	67.50	6.38
2004	4.00	1 089.90	0.37	62.53	18.35
2005	7.29	1 229.86	0.59	67.11	9.26
2006	8.46	1 509.40	0.56	78.58	11.83

数据来源：历年《中国保险年鉴》。

2004年开始我国相继成立了4家商业化运营的专业农业保险公司①，但随着经营主体的市场化转型，在缺乏政府适度干预的条件下，此时盈利而非社会福利最大化成为农业保险经营主体的目标，从而导致保险公司供给意愿不足，甚至出现了经营主体暂停农业业务、压缩业务规模的主动性举措。尽管有新的农业保险经营机构逐步进入市场，但没有取得实质上的突破，农户的保险需求和可支配收入水平更无法支持商业化的农业保险市场，也再一次从实践层面为农业保险的市场失灵提供了证据。

可以说，农业保险市场化经营模式的历史探索与实践为政府干预农业保险市场提供了经验与现实依据。从2002年修订《中华人民共和国农业法》开始，到2004年中共中央、国务院《关于促进农民增加收入若干政策的意见》，明确了以保费补贴为工具介入农业保险市场，国家建立专项基金支持开展政策性农业保险业务，选择部分产品和部分地区进行试点，以刺激农业保险供给与需求的政策性农业保险发展思路，如表3-2所示，仅仅两年时间就使得我国的农业保险规模恢复到1992年的峰值水平，保费收入的年均增长率29.4%。2006年，中央一号文件明确扩大政策性农业保险试点范围，在黑龙江等9个省市全面推进，探索通过农业保险分散农业经营风险。

（3）第三阶段：政策性农业保险思路确立阶段（2007年至今）

2007年中央财政出资10亿元选择吉林等6个省区，中国人保、中华联合保险公司、吉林安华农业保险公司②进行农业保险保费补贴试点，当年就实现了农业保险保费收入530%的增长。2008—2011年，农业保险保费收入稳步上升，如表3-3所示，中央财政不断扩大试点范围，完善农业保险产品体系，逐步建立农业巨灾风险分散机制。到2012年《农业保险条例》的出台，形成了中央与地方联动、覆盖全国的农业保险保费补贴机制。

我国农业保险保费收入由2004年的4亿元（以年均41.28%的增速）增长到2017年的479.06亿元，截至2017年，参保户次达到2.13亿户次，农村家庭平均参保率达到67.29%，农业保险覆盖产品达到五大类200多种农产品，我国农业保险市场呈现出快速增长趋势如表3-3所示。

---

① 上海安信农业保险公司，吉林安华农业保险公司，黑龙江阳光相互农业保险公司，国元农业保险公司。

② 同年，3家保险公司与中国再保险集团签订《政策性农业保险框架协议》，化解农业巨灾风险，进一步推动政策性农业保险发展。

表 3-3　2007—2017 年中国农业保险市场统计

年份	农业保险保费收入（亿元）	财产保险保费收入（亿元）	农业保险保费收入占比（%）	农业保险赔付率（%）	财产保险赔付率（%）
2007	53.33	1 579.10	3.38	69.10	6.37
2008	110.70	2 086.50	5.31	57.67	9.29
2009	134.00	2 446.30	5.48	62.92	8.72
2010	135.86	2 992.90	4.54	62.52	16.34
2011	174.00	4 026.90	4.32	68.28	13.11
2012	240.60	4 779.10	5.03	72.85	12.90
2013	306.59	5 529.90	5.54	77.94	8.35
2014	325.78	7 544.40	4.32	84.27	17.31
2015	374.90	8 423.26	4.45	91.02	11.83
2016	417.71	9 310.53	4.49	89.33	7.19
2017	479.06	10 541.38	4.54	84.67	6.44

数据来源：历年《中国保险年鉴》。

概括来看，现阶段我国政策性农业保险发展思路的已经确定，财政补贴工具也日趋丰富，政府补贴的方式、比例与补贴原则逐渐明确，2007 年以来我国农业保险保费收入递增趋势明显。在较高强度的政府补贴下，保险公司作为运营主体具有了盈利的空间，特别是随着规模效应的逐渐显现，农业保险开始变得有利可图，从而有效地实现了盈利性与公益性的统一，也间接地刺激了我国农业保险市场规模的扩大。这一阶段也是我国保险业高速发展的时期，保险市场规模整体增速显著，但是农业保险业务保费收入的贡献率[①]并没有出现大幅提升，反而 2013 年以后呈现出"瓶颈"趋势，如表 3-3 所示。这也说明在我国保险业全面发展，保险规模迅速扩张的大趋势下，农业保险业务仍然处于弱势地位，更是我国保险业发展的短板。

3.1.2　农业保险保费补贴规模

从历年政府保费补贴规模看，自 2007 年试点以来，我国财政补贴的比例逐渐提高、保费补贴适用农产品名录逐渐扩大，并自 2015 年开始覆盖到了全国所有市县。2015 年保监会颁布了《农业保险承保理赔管理暂行办法》进一步提升保险公司承保理赔的规范性，同时地方政府也在财力允许情况下给予了

---

① 农业保险保费收入占财险保费收入的比例。

配套补贴，使得我国保费补贴规模快速上升（表3-4）。

表3-4 2007—2017年中国农业保险政府补贴资金统计

年份	中央财政补贴（亿元）	地方财政补贴（亿元）	政府补贴合计（亿元）	保费收入（亿元）	政府补贴占比（%）
2007	21.50	19.40	40.90	53.33	76.69
2008	37.30	37.30	74.60	110.70	67.39
2009	59.70	53.70	113.40	134.00	84.63
2010	67.80	58.30	126.10	135.86	92.82
2011	78.70	70.80	149.50	174.00	85.92
2012	90.97	81.87	172.84	240.60	71.84
2013	120.38	108.34	228.72	306.59	74.60
2014	128.19	102.92	231.11	325.78	70.94
2015	146.76	117.65	264.41	374.90	70.53
2016	168.25	130.27	298.52	417.71	71.47
2017	202.03	139.69	341.72	479.06	71.33

数据来源：历年《中国农业年鉴》《中国保险年鉴》。

同时，部分省市已经开始试点政府补贴资金向农业保险风险基金注入，湖北、河南2017年风险金中超过15%为政府资金注入，广东、浙江等相对发达地区在较强的政府可支配财力支撑下，政府保费补贴产品逐渐向水果种植、海产品养殖等覆盖，政府保费补贴的范围与强度逐渐增大，为农业保险有效需求的刺激提供了长久助力。2017年实现了为4 737.14万户次的贫困户和受灾农户进行农业保险赔付，金额达334.49亿元，同比增长11.79%。

3.1.3 中国政策性农业保险制度实践的总体评价和启示

2004—2019年的中央一号文件不断完善了我国的政策性农业保险制度。在一系列的政策引导与推动下，我国政策性农业保险的参保覆盖率虽然得到有效提升，但政策性农业保险制度建设与成熟市场国家相比依然存在较大差距，同时也暴露出诸多问题。

第一，农业保险风险保障强度低。农业保险平均赔付额仅占农户损失的较小比例，难以实现完全的成本补偿，如人工成本、新型农业科研成本等，这使得即使通过政府补贴能够平衡农业保险的农户风险收益，也无法从本质上提升农户抗风险能力，进而实现农产品供应的稳定性，农户最主要的抗风险行为依然是依靠传统的多元化、分散化经营实现收入补偿。

第二，农业保险业务覆盖产品单一。主要集中在传统农产品如小麦、水稻、棉花、蔬菜等，远远滞后于我国农产品结构的变化。实际上当前我国农户农业生产性收入中，较大比例地集中到精细化农副产品、养殖及粗加工等方面。而由于我国农业保险补贴模式单一，仅仅进行保费补贴，缺乏对保险公司农业保险产品创新的激励，保险公司缺乏开发新保险产品的意愿，使得农业保险产品体系偏离了农户现实的风险配置需要。

第三，我国现有的政策性补贴模式，缺乏针对保险公司的市场化激励策略，更多地基于行政管制与规制策略约束保险公司，这使得保险公司在农业保险经营中表现出较强的"经营惰性"，抑制了保险公司基于市场化模式完善农业保险、优化保险模式的积极性，也一定程度上限制了农业保险向更广范围、更多农户的覆盖。此外，庹国柱和徐国军（2004）、孙蓉等（2016）、张弛等（2017）的一系列研究，都不同程度地提及了我国农业保险可持续发展所面临的瓶颈，即农户农业保险参保意愿相对较低、保险公司创新性农业保险产品供给不足、地方政府面临较强的农业保险补贴压力，并且认为破解这种低水平均衡是一个长期与艰难的过程。

总体看来，我国发展农业保险的制度实践经历了"行政化向市场化过渡""市场化向政策化过渡"及"政策性农业保险框架确立"的3个历史阶段，在不同的市场发展思路作用下，我国农业保险市场也呈现出"逐渐起步""日益扩大""滑落与萎缩""快速扩张"等阶段性潮汐特征，政府启动补贴工具实现"低保费、稳保障"同时，形成了较大的农业保险参保需求，而一旦政府补贴强度下降、保险公司基于经营压力缩减供给或降低风险保障强度时，保险市场规模也随之滑落。实际上，这种农业保险市场发展态势高度依赖于政府补贴工具的特征恰恰说明，政策性农业保险是我国实现稳产、增收预期目标的不可或缺的政策路径，只有通过政府进行保费补贴，才能够实现我国广大农户在低收入约束下日益高涨的风险保障需求，也能够通过干预实现保险公司农业保险经营意愿不足的逆向激励，从而在农业保险"成本—收益倒挂"的基本现实下，保障农业保险的基本供给。

当然，这一发展现实还说明，我国目前依然尚未探寻到在政府补贴缺位或者政府低补贴条件下实现农业保险市场化经营的基本模式，商业化农业保险是否能够通过成本控制与规模化经营实现"微利"，商业化农业保险该如何实现"微利"，依然是需要通过大量实践进行总结的未知问题。

3.2 "弱博弈均衡"概念的提出与解释

3.2.1 农业保险弱博弈均衡概念的由来

如前所述,在完全基于议价与协商为基本模式的政府无干预市场环境中,由于市场失灵的存在,农户将在高保费约束下难以形成较强的参保意愿,而保险公司则由于农业保险系统性赔付规模大、运营成本高而导致经营意愿衰减,最终将使得农业保险这种风险规避手段退出市场。而政府在承认农业保险具有准公共品属性的基础上运用财政手段对农业保险市场进行干预,则可以通过补贴的方式对农户与保险公司提供双重主体激励,从而保证农业保险市场规模逐渐扩大的同时,不出现风险保障强度的降低与保费的提高。

但是,在解决了农业保险政府干预的必要性问题后,许多学者基于对政策性农业保险发展实践的观察都注意到,即使政府通过财政补贴进行农业保险市场干预,且能够保证足够的政府补贴强度,政策性农业保险也存在"农户参保有效意愿不足、保险公司创新意愿较弱"的现实问题,表现为低保障水平、低区分度的产品体系既不能保障农业再生产的迅速恢复,也不能满足农户多样化的风险配置需求(柴智慧等,2017)。

(1) 农业保险市场中的保险排斥

Andreas(1999)将 Leyshon(1995)所提出的金融排斥[①]概念应用到失业保险研究,Clauber 和 Collin(2001)则通过实证分析论证了美国农业保险市场金融排斥的存在。所谓金融排斥即金融服务在一定的社会、金融环境下的不可及性,而保险本身就是金融服务的重要分支。保险排斥作为金融排斥的重要组成,主要包括农户主动或被动地放弃农业保险参保、保险公司有意识地减少农业保险供给、政府在支出约束下缺乏扩大农业保险市场的能力三方面内容,从而导致了农业保险对农户、农产品的覆盖不足及社会福利保障效应的降低(Goodwin,2001)。在 Kempson 和 Whyley(1999)详细分析了金融排斥的类型及成因,其将保险排斥根据具体形成原因区分为了地理排斥、价格排斥、条件排斥、营销排斥、评估排斥和自我排斥。石先进(2017)根据这一分类基于农业保险参与主体视角细化了农业保险排斥影响因素。

---

① 2009 年才由 Leyshon 给出更为准确的定义,即金融排斥是指在金融体系中某些群体缺少分享金融服务的一种状态。这些群体缺少足够的途径或方式接近金融机构,也没有能力经恰当的形式获得必要的金融服务。

从农业保险供给的角度，农业保险经营公司营业网点的选址、风险甄别机制、业务结构设置等都可能形成事实上的农业保险排斥。由于农业生产的系统性风险难以分散，风险单位间高度相关，道德风险和逆向选择难以防范，从而产生地理排斥、营销排斥和评估排斥，从而形成保险公司供给的惰性。从农业保险需求的角度，农户主体差异化的风险配置需求和替代性风险管理办法都可能带来农户的"自我排斥"。我国小农经济的特征是导致农业保险需求低的历史根源，再随之非农收入在农民家庭收入中的占比的提高，农户对农业生产风险管理的积极性不高，农业保险通过专业的风险管理手段如灾害预防措施本身并不具有排他性，因而未投保农户也可从中获得收益，从而降低了农户需求。再加上农户自身对保险的认识有限，对政府的灾害救济存在依赖心理，从而加剧了对农业保险的自我排斥。更进一步地，价格排斥、条件排斥更加深了农业保险资源分配的地区差异，造成我国中东西部地区的参保率分化，如第四部分所述。

因此，农业保险排斥理论基于农户—保险公司双主体视角较好地解释了农业保险服务的不易获得性，其本质是农业保险资源配置的低效率。但是综合从农业保险排斥的成因来看，农业保险排斥（金融排斥）缺乏对政府主体的考察，也无法解释我国政策性农业保险自2007年以来广度和深度的高速发展（庹国柱，2018）。

（2）农业保险市场的"供需双冷"

常亮和贾金荣（2008）、郭颂平和张伟（2009）、秦芳栋（2012）则放弃了"保险排斥"的概念，更多地从市场整体发展趋势的相对宏观视角使用"供需双冷"来概括农业保险的市场的"非有效率均衡"，并将中国农业保险市场的"供需双冷"界定为"农业保险公司产品供给不足、农户产品需求疲软"。

而"供需双冷"格局出现的根源在于农业风险的特殊性和农业保险参与主体行为的不完全理性。从供给的角度来看，农业保险产品供给成本高，赔付率变异系数大，不仅导致农业保险业务的低收益，甚至威胁保险公司的偿付能力，或者保险公司直接缺乏农业保险供给意愿，或者出于成本—收益的考量提供较低的农业风险保障强度。而保险公司由于具有通过农业保险承担部分转移支付的政府职能的约束①，因此实际的保险精算会有意识降低盈利可能，加上参保协商的交易成本与管理成本偏高，从而影响了保险公司的农业保险产品的

---

① 政策性农业保险原则上遵循微利的定价策略。

有效供给，也会进一步降低农户参保意愿。从需求的角度来看，主观上，农户本身对保险认识存在的局限性，而且对政府灾害救助已经形成了一定的依赖、侥幸心理；客观上，我国农民整体收入水平偏低直接带来的农业保险购买力不足，再加上农业收入占农民家庭收入的比重逐年下行，也进一步弱化了农户农业保险需求的积极性。房燕青（2014）也认为，我国农业保险市场存在显著的"供需双冷"困境，且这种困境在其他国家农业保险发展中也部分程度地存在，其原因是即使政府通过财政补贴进行农业保险主体激励，也是缺乏有效手段克服农业保险投保人与承保人间的信息不对称，从而导致了较高的道德风险成本，这会弱化农业保险供需主体的参与意愿。

但是，"供需双冷"并不能很好地拟合我国政策性农业出现的风险配置结构错配的市场失灵状态，在需求层面表现为新型农户"想保而不得保"的"热需求"现实，以及我国东部地区农户较高的参保率；在供给层面表现为保险公司出于挤占农村潜在商业保险市场、获得政治红利的积极性。简而言之，我国政策性农业保险供方具有差异化的风险保障需求，与保险公司简单扩大承保规模动机之间存在的"错位"，其根源在于农业保险产品体系的"弱态"。进一步，"供需双冷"也缺乏对政策性农业保险市场主体——政府行为特征及市场发展意愿的描述。而缺乏对政府的定位考察，对以政府补贴作为主要特征的政策性农业保险市场而言，无论如何都是不完整的。

（3）农业保险市场的"低水平均衡"

Nelson 早在 1956 年提出了"低水平均衡"的数理分析模型，用于描述人均收入水平低而难以突破的经济低效率却稳定的状态。借鉴到我国的农业保险市场，则表现为风险保障水平低、覆盖面不足带来的农户的获得感不足，以及高风险管理成本、低利润率带来的保险公司的经营惰性。范从兵和王强（2010）、郭军（2014）通过细化保险排斥的具体表现，从主体策略均衡视角将中国农业保险市场的"供需双冷"与"保险排斥"进一步概括为"低水平均衡"与"小规模均衡"[①]，他们认为我国农业保险市场在整体规模偏低、覆盖农户数量不足、农业保险产品多样性较差的同时，是缺乏一种外部政策机制来突破农业保险市场瓶颈的，这种农户参保意愿较低、保险公司产品供给意愿较低、政府扩大保费补贴意愿较低的现实可能将长期维持。

---

① 将之定义为"低水平均衡"或"小规模均衡"的逻辑在于，由于农业保险参与主体均存在保险排斥特征，最终将使得农业保险虽不会完全退出市场，但将会维持在一个相对较小规模上，且参与主体缺乏足够的意愿打破这种规模限制，从而表现为农业保险参保农户少、保险产品少的低水平均衡，且这种均衡能够长期维持而难以改变。

由于保险排斥的存在，农业保险的普惠性在一定程度上难以实现，大量农户被排斥在农业保险的政策框架中。同时保险公司在缺乏创新意愿的驱动下也乐于维持这种排斥的存在，因为相对较弱规模的市场存在，对保险公司而言在降低经营风险的同时，又能够通过小规模农业保险市场的维持表现出其对政府意愿的积极响应，而政府特别是地方政府在有限的可支配财力约束下，即使具有明确的扩大农业保险覆盖、增进农户福利的政策目标，也会由于补贴支出负担而愿意在一定程度上保持农业保险市场规模的稳定，至少是不出现过快增长，从而形成了一种微妙的主体博弈行为下的"策略均衡"，导致"低水平均衡"的出现。

结合我国农业保险市场的实践，低水平均衡更多地从宏观市场层面描述市场的均衡状态，但不能表现出维持这种均衡力量的强弱，即供给方"增量"动机有余，"提质"意愿不足，需求方差异化风险保障需求难以释放的弱博弈均衡现实。进一步地，也缺乏参与主体的描述，特别是政策性农业保险的补贴主体政府。

(4) 弱博弈均衡概念的引出

综上所述，本研究认为以"保险排斥""供需双冷"和"低水平均衡"来概括中国农业保险市场也许是不够准确的。主要原因在于我国政策性农业保险框架中，我国农业保险市场的整体运行特征实际"一是保险公司创新意愿不强烈，但又具有维持、扩大供给量的动机；二是中央、地方两级政府进行农业保险补贴的政策边界有待进一步厘清；三是农户参保的有效激励不足且多样化的农业风险配置需求难以释放"。也正是在这一特征作用下，我国农业保险市场呈现出整体规模不足、农业保险风险覆盖能力弱，农业保险产品相对单一的低水平均衡状态，且维持这一状态的三方力量十分薄弱，从而制约了我国农业保险稳定农产品供给、保障农户福利实现的功能实现。

保险公司虽然缺乏产品创新意愿，表现为农业保险产品供给"质"的不足，但扩大农业保险规模的动机是足够强烈的（周稳海等，2014），体现在我国农业保险市场上形成"广度有余、深度不足"，农业保险产品在供给"量"稳步增长的。保险公司主体这种"增量"动机，一是来自政府"以险养险"的补贴策略将驱使保险公司降低参保费率、增强风险保障强度以获取政府承诺的预期兑付红利，否则就难以解释我国农业保险市场中参与公司数量日趋增多、农业保险业务竞争日趋激烈的事实（张弛等，2017）；二是我国农业保险依然具有"低成本、低保障、低赔付"的风险补偿模式，保险公司的赔付比例（赔付额/保费收入）在持续下降，这一定程度上降低了保险公司的业务风险，也吸引了更多公司进入农业保险市场（孙蓉等，2016；张弛等，2017）。实际上，在2014年之前，我国农业保险的整体赔付率是低于1的，2015—2017年我国也有21个省份农业保险赔付率低于1，农业保险业务基本属于微利或无利经营，至少不至于亏损，只是由于2015年后我国洪涝、干旱等自然灾害发生频率上升，受灾面积扩大，才导致部分省份如安徽、福建、湖南农业保险运营出现年度亏损（庹国柱，2016）。保险公司缺乏通过产品创新形成农业保险市场优势地位的积极性，同时通过差异化经营获取超额利润的动机也不强烈，最终导致没有形成有效的产品创新策略，同时也面临较高的创新成本。

我国政府虽然存在着财力约束也面临较高的农业保险补贴负担，但在中央、地方两级政府共同负担的补贴结构下，政府扩大农业保险规模的意愿也足够强烈，这从2016年开始我国密集出台农业保险推进政策并确立"增品、提标、扩面"的政策目标可见一斑。特别是在一些经济发达地区或农业大省（区），由于政府具有较高的财政支付能力，且农产品结构升级基本完成，从而存在多样化的农业保险需求，地方政府实际上已经开始了将保费补贴向养殖业、渔业与新型农业拓展的实践。通过不断提高对大宗农产品的保费补贴比例并不能实现最大的边际效益，甚至可能催生农户隐藏支付意愿进而降低补贴的边际效益。过多的行政干预更会进一步降低市场效率，从而造成农业保险保费补贴的边际成本大于边际收益。政府具有一定程度的扩大农业保险补贴规模的财政能力，只是政策性农业保险的补贴边界有待明确。因此一旦探寻到一种基于顶层设计的政策框架与农业保险策略模式，这种"低水平均衡"并不构成"陷阱"①，而是可以迅速得以突破从而实现农业保险在广度与深度上的发展。

从农户主体的视角来看，我国农业保险补贴已经覆盖了全部主粮及大宗农作物，且明显呈现参保率与种植结构的正相关，从而表现为粮棉油糖作物农业保险参保率虚高的特征。但是高参保率下仍然存在着风险保障不足的问题，尤其是随着物化成本在现代农业生产投入中占比的下降，这一风险保障缺口将进一步显现，新型农业经营主体差异化的风险配置需求在现有的农业保险产品供给体系和制度设计下难以实现。

本研究综合上述考虑，以"弱博弈均衡"概括我国农业保险市场的整体特征，从而形成与现有的对农业保险市场整体态势把握的区别与联系。

---

① 稳定的难以突破，甚至缺乏突破意愿的低水平维持状态（Richard R N，1957）。

3.2.2 "弱博弈均衡"概念形成与内涵界定

首先需要明确的是，本研究提出的"均衡"属于一种博弈均衡[①]，即参与主体之间通过相互影响而形成的策略稳定状态（李绍荣，2002），这一均衡与市场均衡的区别在于更多地强调参与主体的互动策略以及博弈策略形成后的一种"相对稳态"（卓志和邝启宇，2014），由此，本研究将这一概念引入我国农业保险市场中，以"弱态"表征农业保险市场的规模不足与参与主体的供需不足，以"均衡"表征农业保险参与主体间的博弈策略稳定。

(1) 我国农业保险市场"弱博弈均衡"概念形成

弱博弈均衡的第一层含义集中在农业保险市场的"规模弱态"和保障水平的不足。这种"规模弱态"表现在农业保险的整体市场份额偏低，保险深度与保险密度水平不高。"保障水平不足"则表现为虽然在主粮等基础、大宗农产品上农业保险的覆盖农户比例已经超过70%，但风险覆盖程度偏低，仅仅达到完全成本的20%~40%，限制了农业保险对农业风险的保障程度。而从全部农产品类别看，当前政策性农业保险的产品覆盖率不足40%（冯文丽等，2014），难以满足农户多样化的风险管理需求。特别是在新型农业经营活动中，现有的农业保险产品结构与农户风险需求结构严重偏离，这在制约了农业保险市场规模扩大的同时，也使得农业保险的风险覆盖能力与风险保障能力较弱，从而表现出整体上的"规模弱态"和"保障水平不足"特征。

弱博弈均衡的第二层含义主要指农业保险市场的"主体策略稳定下的博弈均衡基本形成，但均衡维持能力较弱"。我国农业保险市场的这种"规模弱态"已经基本形成均衡格局，这种均衡表现在农业保险的参与主体缺乏有效的政策刺激与思路来突破这种"规模弱态"。

从农户主体看，在农业保险已经基本覆盖了基础农产品，实现了2017年2.13亿元的参保户次，同时，我国农业保险即使在基础农产品上由于农业保险标的物依然以物化成本为主，也依然属于"低风险保障"特征，难以形成对农户参保的有效激励。此外，农户大量的潜在风险保障需求，特别是在新型农业经营中的农业风险，如市场风险、科技研发风险、融资风险、土地流转风险等，当前的农业保险产品体系难以有效覆盖。因此，在农户参保的存量效应基本释放完毕时，现有的农业保险产品体系难以对农户形成较强参保吸引力，

---

① 博弈均衡不同于一般均衡，一般均衡更加强调在市场调整的过程中，理性的经济人在"无形的手"引导下实现资源的有效配置，最终达到的交换结果。因而博弈均衡比一般均衡更具有一般性，换句话说，一般均衡是博弈均衡的经济系统最优解（赵山，2005）。

农户主体缺乏有效的需求传递渠道去影响农业保险市场。

而对保险公司主体而言，由于其经营农业保险本身就存在承担政府福利保障职能的约束，同时相对于其他险种而言，农业保险本质上属于微利或无利产品（孙蓉等，2016），保险公司主体实际缺乏增加产品供给或是通过农业保险产品创新刺激保险需求的意愿。

从政府主体看，由于农业保险的政策导向为"保证基础农产品供给稳定、增加农民福利保障"，因此农业保险一旦实现对基础农产品与基础农产品经营户的覆盖，政府在有限的财政能力下就缺乏进一步将政策性农业保险向新型农产品拓展的动力，而更多的是希望通过构建相对完善的市场化模式实现突破，因此当现有的农业保险市场实现了政府基本政策预期目标时，政府主体也缺乏通过扩大保费补贴强度拓展农业保险市场的动力，从而使得农业保险市场的"弱态"得以形成"均衡"。

（2）弱博弈均衡的内涵界定

所谓弱博弈均衡，即这种均衡虽然得以实现，但维持均衡的力量相对薄弱，一旦缺乏有效的政策性外力干预，这种均衡将迅速瓦解，从而导致农业保险市场向更低水平发展。原因是虽然农业保险参与主体基于其主体策略存在维持均衡的意愿，但"弱态"格局难以满足各参与主体不同的利益追求。

首先，农户主体存在差异化的风险保障需求，但是当前的农业保险产品无法准确契合其风险需求，进而导致参保意愿不强。

其次，当前在高度的信息不对称情况下，保险公司的产品创新成本与运营成本较高，尚未寻找到有效的产品创新路径。保险公司主体在农业保险产品市场的竞争格局基本形成的前提下（庹国柱，2018），还是具有明确的扩大农业保险供给规模与供给品类以实现政治迎合的动机的。在市场化运营模式为主的新型农业保险产品创新中，也是允许保险公司基于合理盈利模式实现保险精算的政策空间的，这使得保险公司进行农业保险产品创新也是可以有利可图的，而且农业保险市场的开发对于保险公司而言无疑是打开"三农"保险市场的契机。

最后，政府主体视角看，随着我国农业结构的优化升级及农业生产率的提升，新型农业主体在整个农业经营中的比重必然不断增加，农业保险的产品策略也必然将由基础农产品向新型农产品转移，因此政府借助于财政补贴工具适度干预新型农产品保险市场，特别是采取风险金注入、经营成本补贴等方式对保险公司进行产品创新的针对性激励也是一个未来的必然趋势。特别是在"保障农户福利"的政策目标驱动下，政府主体也具有强烈的意愿突破当前的弱博弈均衡格局。

由此，本研究提出的农业保险弱博弈均衡特征，实际上是指"农业保险市场规模小、保险公司结构性低供、农户风险需求无法释放、政府坚持基础补贴低补形成的一种博弈均衡"状态，而"弱"既表现在市场规模的弱态上，又表现在均衡维持力量的弱势上。当缺乏外部激励时，农业保险参与主体——政府、农户、保险公司是缺乏有效意愿打破均衡的，甚至当负外部激励还可能走向更低水平的非均衡状态。但当出现正外部激励（如中央政府调整目标预期扩大政策性补贴的范围与强度）时，这种均衡又很容易调整到更高水平的非均衡，从而实现农业保险市场的规模突破。

3.3 弱博弈均衡的特征

3.3.1 农业保险市场的规模弱态

我国农业保险市场的弱博弈均衡首先表现在规模弱态上，从宏观视角看，虽然自 2007 年启动了政策性农业保险的保费补贴有效地刺激了农业保险市场规模的扩张，但整体上农业保险依然存在规模总量较小、风险覆盖能力弱以及个别省份农户参保率仍然偏低的问题。

自 2007 年我国明确了农业保险补贴"政府引导、市场运作、自主自愿、协同推进"的发展思路，并逐渐增强了农业保险保费与赔付政府补贴强度以来，我国农业保险也经历了一个从产品覆盖率到农户参保数量都迅速增加的过程。从农业保险需求的角度，2017 年参保农户已由 2007 年 0.5 亿户次增长到 2.13 亿户次，增长了 3.26 倍，为投保农户提供的损失赔付高达 366.05 亿元，较 2007 年的 28.1 亿元增长了 12.03 倍。从农业保险供给的角度，到 2017 年年末，经营农业保险业务的保险公司已达 31 家，年保费收入达到 477.72 亿元，承保农作物从 2007 年的 2.3 亿亩增加到 2017 年的 19.6 亿亩。农业保险据此成为我国稳定重要农作物产出、保障农户福利与收入等"三农"战略目标得以实现的重要保障。

但农业保险规模在时序维度上的高速增长并不能够改变农业保险整体市场规模有待扩大的事实。从农业保险在整体保险业的结构份额看，虽然 2007—2013 年我国农业保险保费收入占保险业保费收入的比例表现出曲折增长态势（图 3-1），但在存量上，我国农业保险占整体保险的业务比例峰值的 2013 年也仅为 1.78%，而 2013 年以后随着《农业保险条例》的政策红利的释放，这一比例呈逐步下降趋势，2017年已经降至1.31%。这说明虽然我国农业保险市场的业务增量效应显著，但作为一个农业经济依然占较大比重的发展中国家而言，整体上我国农业保险并未成为保险的核心板块，农业保险业务发展依然处于初级的"弱态"模式。

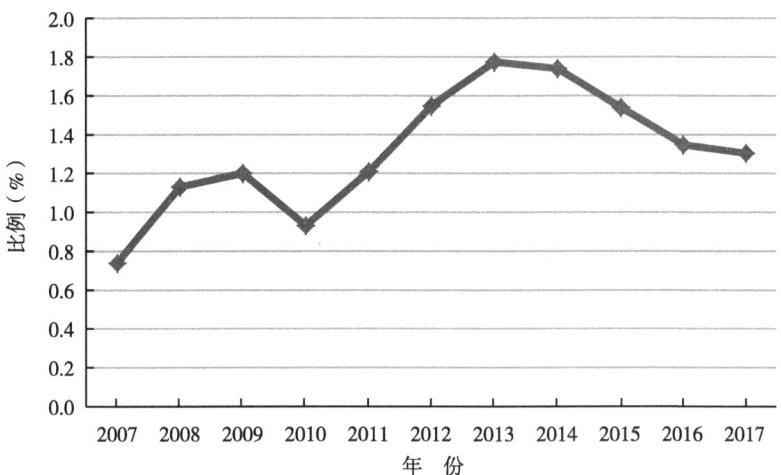

图3-1　2007—2017年中国农业保险保费收入占保险业保费总收入比例
（数据来源：2007—2018年《中国统计年鉴》《中国保险年鉴》）

相似的证据还来自农业保险密度与农业保险深度的分析[①]。从图3-2与图3-3看，我国农业人口人均农业保险保费在2017年达到峰值82.8元/人，农业保险保费收入占农业生产总值的比例在2017年也仅为0.44%，这既反映出我国农业保险对国民经济与农业生产的支撑能力较弱，也说明农业保险还远未成为农业风险平滑管理与农村居民福利实现的主要手段，整体农业保险市场的规模弱态是毋庸置疑的。但是，我国农业保险密度和深度的增长趋势良好，这反映出我国农业保险市场格局并不能用"农业保险排斥""供需双冷"或"低水平陷阱"来概括。相反，在整体农业保险市场规模水平较低的背景下，更表现出农业保险这种弱博弈均衡的维持力量是相对薄弱。

自2007年我国在四川、湖南、江苏、新疆[②]、内蒙古[③]、山东6个省

---

① 农业保险密度指的是按一国乡村人口数计算的人均保费，农业保险深度指的是农业保险保费收入占农林牧渔业总产值的比例，反映了一国农业保险的普及程度和发展水平。
② 新疆维吾尔自治区，全书简称新疆。
③ 内蒙古自治区，全书简称内蒙古。

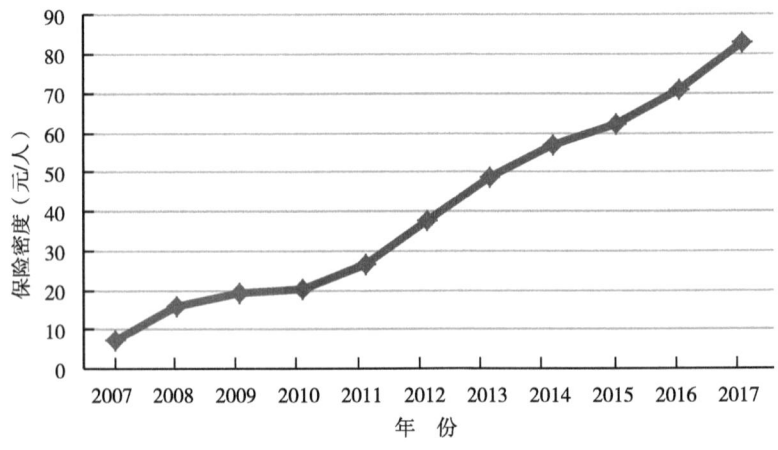

图 3-2　2007—2017 年中国农业保险密度

（数据来源：2007—2018 年《中国统计年鉴》《中国保险年鉴》）

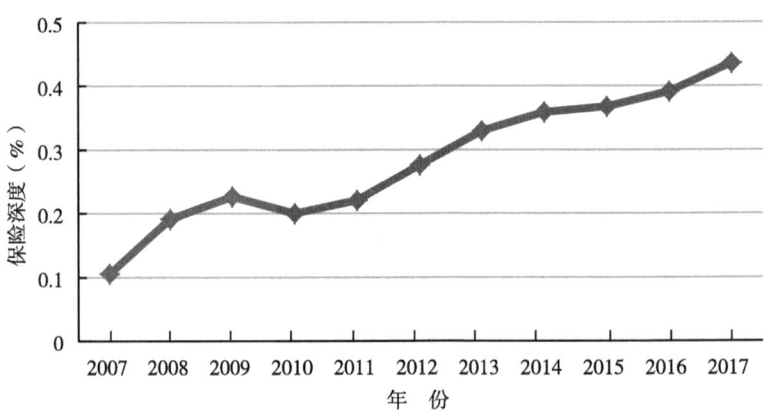

图 3-3　2007—2017 年中国农业保险深度

（数据来源：2007—2018 年《中国统计年鉴》《中国保险年鉴》）

（区）启动了玉米、水稻、大豆、小麦 4 种粮食作物[1]，以及经济作物棉花[2]的政策性农业保险试点，并投入 11.5 亿元在中西部地区启动能繁母猪保险保费

---

[1]　保险责任：自然灾害、极端天气以及暴发性、流行性病虫害直接造成的作物经济损失比率达 50%。

[2]　保险责任：自然灾害，病、虫、草、鼠害直接造成经济作物损失比率达 30% 以上。

补贴①以来，随着农业保险补贴试点的逐渐增加及农业保险产品的不断丰富，截至 2018 年我国农业保险市场已经有包括 17 个门类、200 多种细分农产品的农业保险业务。其中水稻、小麦、玉米三大主粮产品已经实现 70%以上的覆盖，油、糖、棉、马铃薯、天然橡胶等大宗农产品也基本实现全品类覆盖②，同时逐步拓展养殖业（奶牛、能繁母猪、育肥猪、藏系羊、牦牛）、渔业、林业、制种业保险市场。

但总体上，我国农业保险业务对农产品的覆盖深度依然较低，表现为产品结构体系的缺陷。首先，表现为业务结构的单一，商业保险的作用没有得到充分发挥。我国农业保险产品很大比例依靠政府直接保费补贴，这说明我国农业保险业务结构体系中互助性、商业性或以商业性为主的农业保险供给严重不足。其次，农业保险对那些经营风险较高、市场价格波动较大的农产品领域拓展十分有限，如水果、海水养殖产品、鲜花等新型农业始终缺乏针对性的农业保险产品。再次，现有农业保险产品的风险保障水平缺乏层次性，大多还局限于物化成本保障，而对农业保险依赖性更强的经营规模较大、经营风险更加集中的新型农业经营主体③而言，直接物化成本在总成本中的占比往往较小，而研发成本、筹资成本和人工成本的占比在逐年增大，已经成为制约农业经营规模化、集约化的主要风险。最后，现行农业保险产品涉及的风险保障类型主要是自然灾害风险、极端天气风险、病虫鼠害风险和一些意外风险，而解决市场波动风险、产品质量风险、融资风险的价格保险、收入保险、产品责任保险、信用保证保险却少有保险公司问津。

农业保险产品结构体系的缺陷实际上说明我国农业保险的经营主体——保险公司在产品创新上存在较强的经营惰性，在保证农业保险存量的基础上缺乏提升增量的积极性，从而导致我国农业保险产品无法完整覆盖农业的现实风险保障需求，这也进一步影响了农业保险在广度与深度上的持续拓展。

由于存在农户可支配收入水平限制，政府灾害救济的挤出效应，以及农业生产收入替代品数量、替代能力④的增加，依靠农业保险产品自身难以创造有效需求的增量提升。而且农户对于农业保险认识的仍然存在一定的不足，很多

---

① 财政部下发了《能繁母猪保险保费补贴管理暂行办法》，保险责任为重大病害、自然灾害和意外事故所引致的能繁母猪直接死亡，在地方财政补贴 30%保费的基础上，中央财政补贴 50%。
② 截至 2018 年我国农业保险承包的农作物已经超过 200 种。
③ 包括家庭农场、农民合作组织（社）、农业产业化龙头企业等。如大连的海参养殖协会就是大连地区海参养殖户自发组织的一种合作形式，成员之间不仅分享育种、养殖、保鲜的经验，还共同筹建海参展销活动等。大连獐子岛集团是海水养殖业的龙头企业。
④ 农业生产收入在农户家庭收入中的占比。

农户投保的目的是为了获得更高的补偿，再加上保险公司在一些新产品的推广过程中往往存在不同程度的销售误导，直接导致农户的投保动力受历史亏损的影响，进而加大了逆向选择问题的产生，从某种程度上降低了农业保险的有效需求。

尽管2017年我国农业保险参保人次已经突破2亿户次，但实际的参保对象主要集中在主粮种植户、规模种植户上，大量小规模作业的农业经营散户始终未纳入农业保险的普惠制框架中。根据《中国农业保险发展报告2015》的统计，我国2015年农村家庭农业保险参保率（粗口径统计）虽高达73.21%，已经接近成熟市场国家80%~90%的水平，但农村家庭农业经营活动的农业保险覆盖率仅为22.51%（根据农业保险产品类别统计）。同时，农业保险参保存在显著的区域离散特征，部分省（区、市）2016年农村家庭农业保险参保率不超过45%（图3-4）。这一方面说明当前这种以村、镇、社为单位的集体谈判的参保模式存在有待完善之处，另一方面也说明众多经营散户、新型农业经营户缺乏参保农业保险的热情。

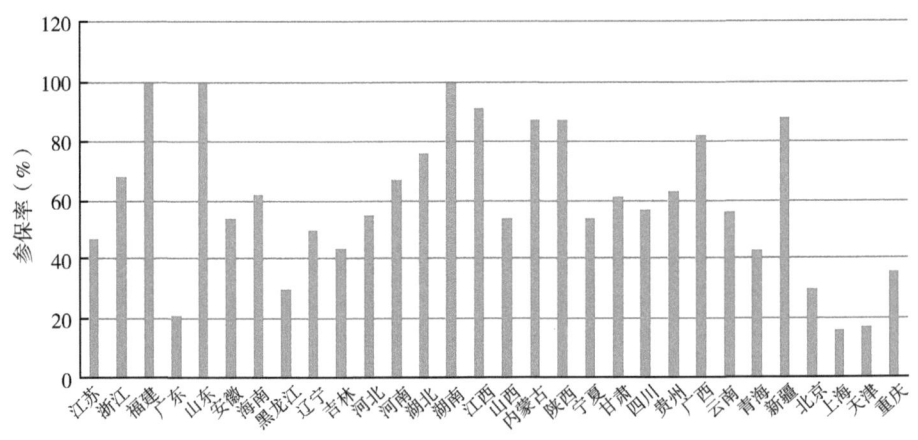

图3-4 2016年度中国部分省份农业保险参保率比较①

注：因数据缺失，不含香港特别行政区、港门特别行政区、台湾地区和西藏自治区的数据。

此外，政府、农户、保险公司的有限理性及机会主义倾向使得政府介入后，反而有可能使得农业保险的交易费用更加复杂、多样，进而带来新的交易成本，在某种程度上降低了农业保险风险配置效率（施红，2009），从而不利于农业保险有效供求的匹配，进一步降低了农户参保的"增量"意愿。

---

① 具体的农业保险参保率计算详见第四部分。

3.3.2 农业保险市场的博弈均衡

严格来说，农业保险市场是否已经形成博弈均衡格局是一个难以检验的命题，本研究借鉴杨立旺等（1980）、岳书铭（2007）"识别均衡是否存在可以从均衡主体是否具有打破均衡意愿的方向上加以经验判别"的思路，从农户、保险公司与政府主体视角分析在弱博弈均衡格局下的主体行为策略与偏好，从而对我国农业保险市场规模弱态是否形成了主体博弈均衡进行识别。

（1）农户主体：缺乏有效的渠道释放需求打破均衡

周稳海等（2014）、张弛等（2017）、庹国柱（2018）等大量研究都证实，我国农业经营主体实际上具一定的农业经营风险保障需求。而随着农业生产规模化格局的形成以及农业生产要素逐渐向规模农户集中的趋势，农业风险进一步向单一农户与单一区域集中。同时农业生产的资本形成加速，农业经营的市场化风险的日趋复杂，农户通过政府灾害救济、外出务工、代际转移支付以及多元化产品经营等传统风险规避策略进行风险管理的潜力与可能进一步下降，农户通过农业保险实现风险保障的潜在需求实际上不断上升（杜鹏，2011）。但是由于现有的农业保险产品体系过度偏重于基础农产品而缺乏新型农业配套业务，使得农业保险的产品结构与农户风险配置结构严重偏离（施红，2012），从而导致农户的风险需求无法通过农业保险有效释放，也降低了农户参保率。

但是，在政策性农业保险框架中，农户主体虽然具有较强的潜在需求与农业保险拓展意愿，但缺乏有效的制度影响路径。农户在零散化经营与一户一议的保险业务洽谈模式下，实际是缺乏基于集体选择对保险公司业务创新形成需求约束的，也就难以通过市场化交易谈判向农业保险公司传递具有约束性的需求信息①。从而使得农户只能接受农业保险市场的弱博弈均衡，没有能力也缺乏有效的意愿表达机制去影响农业保险市场。因为从根本上说，农业保险仅仅是保险公司低利润业务，从而难以基于需求端传递有效信息（Banner 和 Goodwin，2004）。

（2）保险公司主体：缺乏利润支撑增加供给打破均衡

保险公司在农业保险业务上的低利润已经是一个不争的事实，特别是当农业保险市场的存量基本释放完毕，业务增量只能通过产品创新而实现时。保险

---

① 农户当然可以通过业务反馈向保险公司传递需求，但在缺乏工会、协作社等集体性商议框架下，农户需求是难以对保险公司业务设计与经营形成约束的。

公司进行农业保险经营确实存在较大的成本压力，这使得保险公司实际上更愿意维持一种"农业保险小规模"的状态。其策略特征是保险公司愿意进行适度或者小规模的农业保险业务经营：一是向农村领域拓展保险市场以培养其他险种潜在客户；二是经营农业保险实际上向区域政府释放了政治响应信号，从而获得了获取政治红利的资格。

但在农业保险低利润事实前提下，保险公司在利润目标驱动下实际上是缺乏动机去拓展农业保险市场的，更不愿意接受农业保险产品创新所导致的风险上升与成本管控难度增加。因此，保险公司在弱博弈均衡的市场格局下实际是一个"弱态"的乐观接受者，从而使得保险业务与农户风险需求结构的偏离被一定程度上固化了，也由于保险公司的主体惰性使得弱博弈均衡得以维持。

（3）政府主体：缺乏明确政策思路拓展补贴边界打破均衡

正如第二部分所提及的，从农业保险的历史实践看，各国的农业保险市场中总是同时存在政策性农业保险与完全市场化农业保险。政策性农业保险的存在是为了实现农业保险对农业经营社会风险的覆盖，而对准公共品属性较弱的农产品，其风险构成主要为个体风险而非社会风险，此时政府不以补贴的方式介入农业保险业务，而是完全基于市场化交易机制进行保险业务开展就是必然的。

但是，这自然地产生了一个新的也是重要的问题，即政府该如何厘定政策性农业保险与完全市场化农业保险的边界，或者说政府该对哪些农产品进行农业保险保费补贴。在这一问题的回答上，胡炳志等（2009）、周县华等（2017）构建了政府最优补贴模型进行了回答，根据这一研究，政府应当对那些风险释放相对集中、产品价格弹性较低或社会属性较强的农产品进行补贴，而对那些无须实施价格保护的、市场供给弹性较强的、存在分散化经营手段的农产品，则无须通过政府补贴加以干预，这些农产品是具有完全市场化农业保险运营可能的。Hazell 等（1986）、Lee（2005）、柯柄生（2007）、庹国柱（2018）则进一步简化为"政府应当也必须对那些基础性的、群体性福利实现特征较为明显的农产品进行保护，方式包括价格保护、农业保险补贴或者是其他方式的市场干预"。

从我国农业保险体系看，我国也是采取了"政策性农业保险为主，辅之以市场化农业保险经营"的市场框架，在玉米、水稻、小麦、油糖作物等基础种植业，以及母猪、奶牛等畜牧业上实施高强度的保费补贴，并坚持"应保尽保"原则，而在其他农产品上更多地坚持市场化运营思路，同时允许地方政府根据财力约束进行一定程度的差异化补贴（表3-5）。

表3-5 2017年农业保险政府补贴险种与比例

分类	农产品	地区/类型差异	中央财政补贴比例	省级及以下财政补贴比例
种植业	玉米、水稻、小麦、棉花、马铃薯、油料作物、糖料作物	中西部	40%	25%
		东部	35%	25%
		中央单位*	65%	
养殖业	能繁母猪、奶牛、育肥猪	中西部	50%	30%
		东部	40%	30%
		中央单位	80%	
林业	已基本完成林权制度改革、产权明晰、生产和管理正常的公益林和商品林	公益林	50%	40%
		商品林	25%	30%
		大兴安岭林业集团公司的公益林	55%	
其他农产品	藏区品种、天然橡胶，中共中央、国务院要求确定的其他品种	各地方	40%	25%
		中央单位	65%	

注：*包括新疆生产建设兵团、中央直属垦区、中国储备粮管理总公司、中国农业发展集团有限公司等。

资料来源：财政部文件《中央财政农业保险保费补贴管理办法》（财金〔2016〕123号）。

但是，一个必须承认的事实是，对那些非基础性的、准公共品属性不强的农业经营活动，同样存在农业保险市场失灵的问题，如系统性风险过高、信息不对称下存在较大的道德风险与逆向选择可能，这使得在完全市场化的经营模式下，保险公司存在定损困难、道德风险难以甄别的现实约束，因此即使保险公司愿意提供相应产品的农业保险业务，也往往存在保费偏高、风险保障水平低的特征，难以对农户形成参保激励。

实际上，在农业保险"增品、提标、扩面"的政策导向下，我国部分省（区、市）已经开始尝试将政策性农业保险边界向新型农产品拓展的实践，尝试通过政府补贴工具的介入强化参保激励以刺激市场容量的增加，浙江、山东、广西、湖南等近20个省（区、市）都出台了针对蔬菜、水果、鲜花栽培等新型农产品的农业保险政策性补贴办法，也一定程度上刺激了相应产品农业保险业务的发展。

但是，我国到目前为止尚未出台明确的新型农业保险政府补贴办法，而将政策适用权下放到省级政府。对部分经济欠发达地区而言，往往面临着农户收入水平偏低，农业经营自然禀赋条件差，农业生产结构相对落后，农业经营风险大，从而更需要农业保险提供较高强度的风险保障。同时，这些地区农户也缺乏有效的替代性风险管理手段，更需要政府通过对新型农产品进行农业保险保费补贴，以实现增产、增收、优化产品结构的目标。尽管省级政府通过对试点地区开展新型农业保险进行"以奖代补①"以实现"愿保尽保原则"，但恰恰这些试点地区政府的财政实力较弱，在"权责不匹配"的高度分权架构下，地方政府没有能力也缺乏意愿实施或者增加对新型农产品的农业保险补贴，从而使得政策性农业保险边界难以覆盖新型农业。

换而言之，由于我国当前在中央政府维度上，缺乏基于顶层设计的对政策性农业保险与完全市场化农业保险边界的厘清，使得地方政府或者受限于财政能力或者缺乏主体意愿来强化农业保险扶持力度，从而造成"政策性农业保险一片繁荣、市场化农业保险如履薄冰"的市场发展态势（常伟，2018）。使得地方政府主体这一最具市场推动力与策略执行能力的农业保险参与主体也缺乏明确的思路打破弱博弈均衡格局。

也正是在农户、保险公司与政府都表现出对农业保险弱博弈均衡的接受性并在均衡破解惰性作用下，我国农业保险市场的"弱态"得以出现并形成均衡维持。

3.4 基于稳定策略演化博弈的弱博弈均衡成因分析

我国农业保险财政补贴强度持续攀升与我国农业保险的弱博弈均衡，更具体地说，政府持续加大农业保险激励强度，与我国农户缺乏参保热情，与保险公司缺乏规模经营及产品创新热情，这两方面的现实形成了鲜明对比。现有文献已经提供了部分解释，如保险公司在垄断性经营特征下缺乏进行微利产品——农业保险创新意愿（刘慧等，2013），我国农业保险基于物化成本的赔付强度弱化了农业保险的风险补偿功能（周稳海等，2014），农业保险风险供求结构不匹配降低了农户参保的积极性（张卓等，2018）。本研究则尝试在一个主体有限理性的演化博弈框架下分析保险公司与农户间的稳定策略形成过程。基于农户与保险公司的主体惰性视角对弱博弈均衡的出现加以解释，也为后续从主体策略偏好的视角探寻破解弱博弈均衡、实现农业保险"增品、扩面、提标"政策目标的现实路径提供行为逻辑演化路径与策略支持。

---

① 在试点县进行农业保险保费补贴的基础上，省级财政拨付一定比例的奖励金，如2016年江西省政府就提供不低于当地财政保费补贴资金的60%。

3.4.1 参与主体的有限理性假设

自 Price（1973）与 Maynard（1974）在一个连续性策略集合中提出了主体有限理性假设以来，由于有限理性假设更为符合参与主体策略博弈时的信息不完全以及由此衍生的主体间行为观察失真，因此被广泛地应用于不完全市场或不完备契约下的行为演化分析中（谢识予，2001）。

具体到农业保险市场，由于政府、农户与保险公司间也存在典型的信息不对称问题，保险公司不能基于投保人的风险厌恶水平设计分离均衡保单进而无法准确识别保险业务的可保性（卓志和段胜，2016），也观察不到农户的实际参保意愿与参保费缴纳的最大剩余[①]，更无法有效甄别政府对保险公司进行监管的实际监管效率与识别能力从而影响其逆选择决策[②]。农户无法对参保的"搭便车行为"进行事前收益预期，在农业保险市场中不清楚保险公司的实际赔付水平与具体的定损策略，也不了解采取拖延政策或隐藏参保意愿时政府能够给予的最大补贴水平与保险公司费用谈判的最大调整空间[③]。而政府则既不清楚保险公司的实际保险业务费用支出，又无法观察到农户隐藏的真实参保意愿与潜在的最大保费缴纳能力。因此，有限理性特征显著地存在于农业保险市场的3个参与主体行为策略中。

3.4.2 农业保险参与主体的博弈策略约束

以下在群体演化博弈框架中，基于研究需要对博弈参与主体的策略集合给出界定，从而为后续的演化博弈分析提供基础。

（1）保险公司

假定保险公司期末资产现值为 W，在厘定保费 g 下承诺提供赔偿系数为 φ 的风险损失补偿，同时承诺对参保农户提供保险合同邀约之外的相关技术服务以降低灾后损失。再假定保险公司开展村镇农业保险业务可以通过业务渠道拓展与品牌植入，获得更多的其他险种潜在客户，并获得非农业保险业务收益 S，而保险公司不提供农业保险服务则存在丧失潜在非农业保险客户的机会成本 c。

[①] 这一最大剩余是指农户为获得风险保障而愿意支付的最大保费水平。

[②] 政府对保险公司形成监督约束只有在政府给予保险公司农业保险经营费用补贴的前提下才存在，此时监管的主要内容是保险公司上报的费用是否与实际相符。

[③] 农户的拖延政策是指将农户与政府纳入一个谈判框架中，则政府实际才是具有"多参保"约束的刚性主体，此时农户可以延缓参保决策的形成，采取观察与多次谈判以得到更高的政府补贴。

(2) 农　户

假定农户主体农业经营收入的期末现金价值为 R，但可能面临不确定的灾害损失，风险损失水平为 Δi，风险损失发生的概率为 P，再假定在厘定保费 g 中，农户参保自负担缴费比例为 η，则农户参保时须缴纳保费 ηg。不妨再假定农户进行投保时需支付信息搜寻成本与谈判成本 ΔG。参保后农户能够获得灾后风险保障 $\varphi\Delta i$，而不参保时，农户因缺乏风险保障需承担其他减灾投入 L。同时考虑到保险公司针对投保农户提供一定程度的防灾减灾技术服务，因此假定不参保农户存在"搭便车"收益①，且假定搭便车收益为 $\delta\Delta i$，其中 δ 为搭便车的减灾收益系数，且农户能获取搭便车收益的前提是保险公司选择"承保"策略。

(3) 政　府

政府主体具有通过保费补贴干预农业保险市场以刺激农业保险市场规模的政策目标，假定政府在有限的财政支付能力约束下，给予农户补贴系数为 σ 的保费补贴，且有 $\sigma<1$，此时最终的单位农户保费补贴水平就是 σg，且有 $\sigma+\eta=1$。再假定政府不对保险公司进行经营费用补贴，而仅仅采用保费补贴工具，且政府具有调整补贴系数 σ 以降低保费补贴支出压力的策略目标。此时政府主体为单一策略"补贴"，且不存在"不补贴"的策略选择可能。此外，假定政府还承担对全体农户（参保或不参保）在灾后提供经济救助的义务责任，其灾后损失救助系数为 γ，则政府单位灾后救助支出为 $\gamma\Delta i$。

在政策性农业保险市场中，政府的选择已经明确为支持农户参保，鼓励保险公司进入农业保险市场，所以在这里政府作为隐式参与者，建立农户"参保，不参保"与保险公司"承保，不承保"的演化博弈分析。

3.4.3　保险公司、农户的演化博弈分析

假定农户参保决策完全属于个体决策，不存在集体性约束与统一行动，并在政府确定实际保费补贴水平 σg 后，决定其最优策略，再假定农户选择"参保"策略的概率为 x，则选择"不参保"策略的概率为 $1-x$；假定保险公司选择"承保"策略的概率为 y，同理选择"不承保"策略的概率为 $1-y$。

农户不同策略下的期望效用可表示如下。

农户"参保"时的期望效用为：

---

① 这种"搭便车"，主要指未参保农户将无成本获得一部分由于有周边农户参保而形成的事实收益。这种收益主要来自政府与保险公司为规避与降低农业保险赔付而采取的行动，这些行动包括更为精准与逐户传导的自然灾害警情通报、保险公司为主体发起的灾害规避行动，例如，干旱时期的人工降雨、泄洪渠工程等。

3 中国政策性农业保险市场弱博弈均衡的现实观察与解释

$$U_{参保} = y[R - \eta g + (\varphi + \gamma - 1)E(\Delta i)] + (1-y)[R + (\gamma - 1)E(\Delta i) - L - \Delta G] \quad (3-1)$$

即 $U_{参保} = R + (\gamma - 1)E(\Delta i) - L - \Delta G + y[-\eta g + \varphi E(\Delta i) + L + \Delta G]$ (3-2)

农户"不参保"时的期望效用为：

$$U_{不参保} = y[R + (\delta + \gamma - 1)E(\Delta i) - L] + (1-y)[R + (\gamma - 1)E(\Delta i) - L] \quad (3-3)$$

即 $U_{不参保} = R + (\gamma - 1)E(\Delta i) - L + y\delta E(\Delta i)$ (3-4)

此时，农户不同策略的平均期望效用为：

$$\overline{U} = xU_{参保} + (1-x)U_{不参保}$$

$$\overline{U}_{农户} = x\{R + (\gamma - 1)E(\Delta i) - L - \Delta G + y[-\eta g + \varphi E(\Delta i) + L + \Delta G]\} + (1-x)[R + (\gamma - 1)E(\Delta i) - L + y\delta E(\Delta i)] \quad (3-5)$$

保险公司不同策略下的期望效用可表示如下。

保险公司选择"承保"策略的期望效用为：

$$U_{承保} = x[W + g + S - \varphi E(\Delta i)] + (1-x)[W - \delta E(\Delta i)] \quad (3-6)$$

即 $U_{承保} = x[g + S - (\varphi - \delta)E(\Delta i)] + W - \delta E(\Delta i)$ (3-7)

选择"不承保"策略时的收益函数为：

$$U_{不承保} = x(W - c) + (1-x)W \quad (3-8)$$

即 $U_{不承保} = W - xc$ (3-9)

当然，此时假定保险公司开展农业保险业务无须额外支付经营成本，则此时保险公司的平均期望效用可表为：

$$\overline{U} = yU_{承保} + (1-y)U_{不承保}$$

$$\overline{U}_{保险公司} = y\{x[g + S - (\varphi - \delta)E(\Delta i)] + W - \delta E(\Delta i)\} + (1-x)(W - xc) \quad (3-10)$$

由此，农户与保险公司双主体静态博弈的收益矩阵如表 3-6 所示。

表 3-6 农户—保险公司双主体静态博弈的收益矩阵

农户	保险公司	
	B_1（承保）y	B_2（不承保）$1-y$
A_1（参保）x	$R+(\gamma+\varphi-1)E(\Delta i)-\eta g$, $W+g+S-\varphi E(\Delta i)$	$R+(\gamma-1)E(\Delta i)-L-\Delta G$, $W-c$
A_2（不参保）$1-x$	$R+(\gamma+\delta-1)E(\Delta i)-L$, $W-\delta E(\Delta i)$	$R+(\gamma-1)E(\Delta i)-L$, W

在演化博弈框架下，借鉴卓志和邝启宇（2014）的研究范式，一个非连续策略下农户主体的复制动态方程就可如下式表示：

$$F(x) = \frac{dx}{dt} = x(1-x)(U_{参保} - U_{不参保}) \tag{3-11}$$

$$F(x) = x(1-x)\{y[L - \eta G + (\varphi - \delta)E(\Delta i)] - (1-y)\Delta G\}$$

即 $$F(x) = \frac{dx}{dt} = x(1-x)\{\Delta G + y[\Delta G - \eta G + L + (\varphi - \delta)E(\Delta i)]\} \tag{3-12}$$

保险公司主体的复制动态方程为：

$$G(x) = \frac{dy}{dt} = y(1-y)(U_{承保} - U_{不承保}) \tag{3-13}$$

$$G(x) = y(1-y)\{x[G + S + C - \varphi E(\Delta i)] - (1-x)\delta E(\Delta i)\}$$

即 $$G(x) = \frac{dy}{dt} = y(1-y)\{x[C + G + S + (\delta - \varphi)E(\Delta i)] - \delta E(\Delta i)\} \tag{3-14}$$

令 $\frac{dx}{dt} = \frac{dy}{dt} = 0$，求解上述稳定演化动态方程，可得平面 $M = \{(x, y) \mid 0 \leq x \leq 1, 0 \leq y \leq 1\}$ 上的本演化博弈的5个均衡点分别为：(0, 0)，(0, 1)，(1, 0)，(1, 1) 以及 $E5(x^*, y^*)$ 点，其中 $x^* = \frac{\delta E(\Delta i)}{C + G + S + (\delta - \varphi)E(\Delta i)}$，$y^* = \frac{\Delta G}{L + \Delta G - \eta G - (\delta - \varphi)E(\Delta i)}$。

为了分析的简便，分别用 A、B、C、D、E、F 和 G 代替表3-6中相应收益，则农户—保险公司不同策略的收益矩阵简化为表3-7。

表3-7 农户—保险公司博弈的收益矩阵简表

农户	保险公司	
	B_1（承保）y	B_2（不承保）$1-y$
A_1（参保）x	A, E	B, F
A_2（不参保）$1-x$	C, G	D, H

此时系统的两个复制动态方程式（3-12）和式（3-14）可以简化表示如下：

$$\frac{dx}{dt} = x(1-x)[(B-D) - (B-D+C-A)y]$$

$$\frac{dy}{dt} = y(1-y)[(E-F+H-G)x - (H-G)] \qquad (3-15)$$

按照 Fridman（1991）法则，根据微分方程系统雅克比矩阵的局部稳定分析可以得到群体动态均衡点的稳定性。其雅可比矩阵为：

$$J = \begin{vmatrix} (1-2y)[(E-F+H-G)x-(H-G)] & (E-F+H-G)y(1-y) \\ -(B-D+C-A)x(1-x) & (1-2x)[(B-D)-(B-D+C-A)y] \end{vmatrix}$$

$$(3-16)$$

由此可知矩阵 J 的行列式为：

$$\det J = (1-2y)[(E-F+H-G)x-(H-G)](1-2x)[(B-D)-\\ (B-D+C-A)y] + (E-F+H-G)y(1-y)(A-C+D-B)x(1-x) \qquad (3-17)$$

矩阵的迹为：

$$\operatorname{tr} J = (1-2y)[(E-F+H-G)x-(H-G)] + (1-2x)[(B-D)-(B-D+C-A)y] \qquad (3-18)$$

将收益矩阵代入有：

$$\begin{aligned} A - C &= L - \eta g + (\varphi - \delta)E(\Delta i) \\ B - D &= -\Delta G \\ E - F &= g + S + c - \varphi E(\Delta i) \\ G - H &= -\delta E(\Delta i) \end{aligned} \qquad (3-19)$$

均衡点分析如表 3-8 所示。

表 3-8 博弈的均衡点分析简表

平衡点	det J	det J 符号	tr J	tr J 符号
$x=0, y=0$	$(G-H)(B-D)$	>0	$(G-H)+(B-D)$	<0
$x=0, y=1$	$-(G-H)(A-C)$	不确定	$(A-C)-(G-H)$	不确定
$x=1, y=0$	$-(B-D)(E-F)$	不确定	$-(B-D)+(E-F)$	不确定
$x=1, y=1$	$(A-C)(E-F)$	不确定	$-(A-C)-(E-F)$	不确定

结合收益矩阵及模型设定，可知 $B-D<0$，$G-H<0$。在此基础上进行进一步分析可以发现，矩阵元可能存在的情况仅有以下几种。

第一，当 $A-C>0$，$E-F>0$ 时，此时复制系统有 5 个平衡点 $E_1(0, 0)$，$E_2(0, 1)$，$E_3(1, 0)$，$E_4(1, 1)$，$E_5(x^*, y^*)$，其中：

$$y^* = \frac{B-D}{B-D+C-A} = \frac{-\Delta G}{\eta G - L - \Delta G - (\varphi-\delta)E(\Delta i)}$$

$$x^* = \frac{H-G}{E-F+H-G} = \frac{\delta E(\Delta i)}{G+S+C-\varphi E(\Delta i)+\delta E(\Delta i)} \quad (3-20)$$

均衡点稳定性分析结果如表 3-9 和图 3-5 所示。

表 3-9 农户博弈演化稳定结果（一）

平衡点	det J	det J 符号	tr J	tr J 符号	局部稳定性
$x=0$, $y=0$	$(G-H)(B-D)$	>0	$(G-H)+(B-D)$	<0	ESS
$x=0$, $y=1$	$-(G-H)(A-C)$	>0	$(A-C)-(G-H)$	>0	不稳定点
$x=1$, $y=0$	$-(B-D)(E-F)$	>0	$-(B-D)+(E-F)$	>0	不稳定点
$x=1$, $y=1$	$(A-C)(E-F)$	>0	$-(A-C)-(E-F)$	<0	ESS
$x=x^*$, $y=y^*$	$-(B-D)(G-H)(1-x^*)(1-y^*)$	<0	0		鞍点

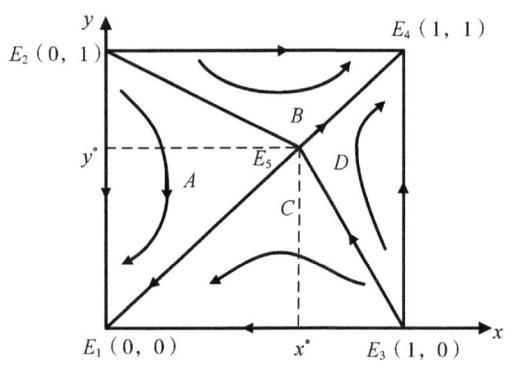

图 3-5 系统相位图（一）

第二，当 $A-C>0$，$E-F<0$ 时，此时，复制系统有 4 个平衡点 E_1 (0, 0)，E_2 (0, 1)，E_3 (1, 0)，E_4 (1, 1)，均衡点稳定性分析结果如表 3-10 和图 3-6 所示。

表 3-10 农户博弈演化稳定结果（二）

平衡点	det J	det J 符号	tr J	tr J 符号	局部稳定性
$x=0$, $y=0$	$(G-H)(B-D)$	>0	$(G-H)+(B-D)$	<0	ESS
$x=0$, $y=1$	$-(G-H)(A-C)$	>0	$(A-C)-(G-H)$	>0	不稳定点
$x=1$, $y=0$	$-(B-D)(E-F)$	<0	$-(B-D)+(E-F)$	?	鞍点
$x=1$, $y=1$	$(A-C)(E-F)$	<0	$-(A-C)-(E-F)$	?	鞍点

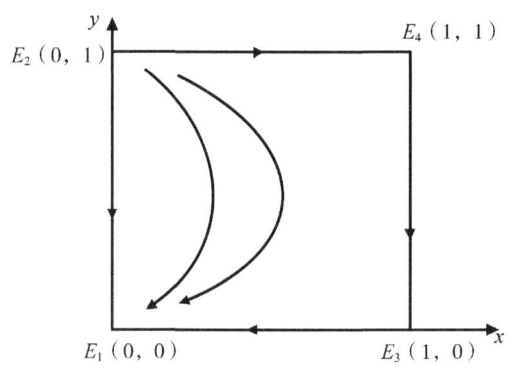

图 3-6 系统相位图（二）

第三，当 $A-C<0$，$E-F>0$ 时，此时复制系统有 4 个平衡点 E_1（0，0），E_2（0，1），E_3（1，0），E_4（1，1），均衡点稳定性分析结果如表 3-11 和图 3-7 所示。

表 3-11　农户博弈演化稳定结果（三）

平衡点	det J	det J 符号	tr J	tr J 符号	局部稳定性
$x=0$，$y=0$	$(G-H)(B-D)$	>0	$(G-H)+(B-D)$	<0	ESS
$x=0$，$y=1$	$-(G-H)(A-C)$	<0	$(A-C)-(G-H)$	?	鞍点
$x=1$，$y=0$	$-(B-D)(E-F)$	>0	$-(B-D)+(E-F)$	>0	不稳定点
$x=1$，$y=1$	$(A-C)(E-F)$	<0	$-(A-C)-(E-F)$	?	鞍点

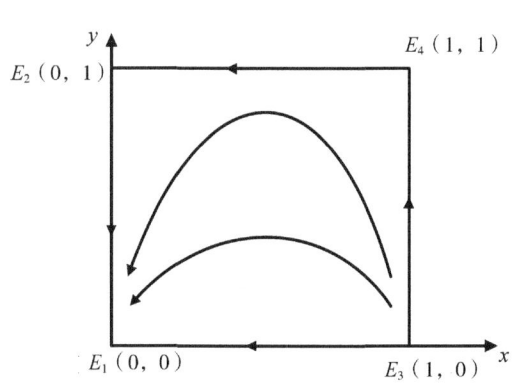

图 3-7　系统相位图（三）

第四，当 $A-C<0$，$E-F<0$ 时，此时复制系统有 4 个平衡点 E_1（0，0），

E_2 (0, 1), E_3 (1, 0), E_4 (1, 1), 均衡点稳定性分析结果如表3-12和图3-8所示。

表3-12 农户博弈演化稳定结果（四）

平衡点	det J	det J 符号	tr J	tr J 符号	局部稳定性
$x=0, y=0$	$(G-H)(B-D)$	>0	$(G-H)+(B-D)$	<0	ESS
$x=0, y=1$	$-(G-H)(A-C)$	<0	$(A-C)-(G-H)$	?	鞍点
$x=1, y=0$	$-(B-D)(E-F)$	<0	$-(B-D)+(E-F)$	?	鞍点
$x=1, y=1$	$(A-C)(E-F)$	>0	$-(A-C)-(E-F)$	>0	不稳定点

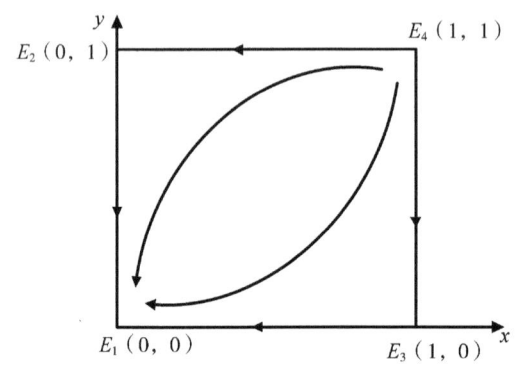

图3-8 系统相位图（四）

根据不同约束条件下的均衡策略解与系统相位变化，由于非稳定均衡点在连续博弈下将不会形成稳定策略，则当农户参保存在正收益（$A-C>0$）与保险公司提供农业保险业务"有利可图"$E-F>0$时，才会出现E_4（1，1），在其他情况下，均不会出现稳定策略"参保""承保"，而只能强制收敛到E_1（0，0），这意味着，由于农业保险的合约性，农户与保险公司的实际策略存在刚性的跟随依赖，即农户的不参保只能博弈配对给保险公司的不承保，即"参保，承保"与"不参保，不承保"的刚性配对出现，当农户观察到保险公司的实际风险补偿低于概率加权后的保费支出时，农户将选择"不参保"，此时稳定策略收敛到ESS点E_1（0，0），反之当农户参保的风险收益为正时，农户才会偏好于"参保"策略，但此时只有在保险公司存在经营利润并执行"承保"策略时，才会实现稳定策略"参保，承保"，同时系统收敛到ESS点E_4（1，1）。

进一步地，在农户与保险公司2×2策略空间中，稳定策略的系统相位图

3-5、图 3-6、图 3-7、图 3-8 可知，两个稳定策略组合的状态转换边界为两个不稳定点 E_2 和 E_3 与鞍点 E_5 连成的折线，初始状态在折线右上方区域 E_2-E_5-E_3-E_4，系统将收敛于 ESS 点 E_4（1，1）；初始状态在折线左下方区域 E_2-E_5-E_3-E_1，系统将收敛于 ESS 点 E_1（0，0）。

也就是说，农户与保险公司连续决策模式下演化博弈的结果是"参保，承保"策略还是"不参保，不承保"策略，取决于图 3-5 中的 C 和 B 面积大小。若 $C=B$，采用"参保，参保"的概率与"不参保，不参保"的概率相等；若 $C<B$，系统采用"不参保，不承保"的概率大于"参保，参保"的概率，反之则倾向于达成"参保，承保"均衡。

更进一步可知①：

$$\frac{\partial S_{E_4 E_3 E_5 E_2}}{\partial \delta} = \frac{\partial[1 - \frac{1}{2}(x^* + y^*)]}{\partial \delta} = -\frac{1}{2}\left(\frac{\partial_x^*}{\partial \delta} + \frac{\partial_y^*}{\partial \delta}\right) < 0 \quad (3-21)$$

$$\frac{\partial S_{E_4 E_3 E_5 E_2}}{\partial \varphi} = \frac{\partial[1 - \frac{1}{2}(x^* + y^*)]}{\partial \varphi} = -\frac{1}{2}\left(\frac{\partial_x^*}{\partial \delta} + \frac{\partial_y^*}{\partial \delta}\right) > 0$$

在既定的风险概率和风险损失下，随着赔偿系数为 φ 的逐步下降，及搭便车收益系数 δ 上升，图 3-5 中 C 面积增加，农户选择"参保、参保"策略的概率逐渐降低，并达到稳定均衡 ESS 点 E_1（0，0）。反之，图 3-5 中 C 面积减少，此时收敛于 ESS 点 E_4（1，1）的概率上升。这意味着，农户在连续策略模式下，当搭便车收益减小与风险赔付水平增大时，即预期风险收益越大，农户选择参保决策的概率水平越高。

更进一步地，假定政府基于某种原因决定调整农业保险保费补贴系数 σ，不妨假定政府的调整方向为压缩保费补贴强度，即降低 σ，此时农户自缴费比例 η 相应增加，有：

$$\frac{\partial S_{E_4 E_3 E_5 E_2}}{\partial \eta} = \frac{\partial[1 - \frac{1}{2}(x^* + y^*)]}{\partial \eta} = -\frac{1}{2}\left(\frac{\partial y^*}{\partial \eta}\right) < 0 \quad (3-22)$$

则由于 $S_{E_4 E_3 E_5 E_2}$ 会随着 η 的减少而相应增加，意味着折线 E_2-E_5-E_3 的凸性

---

① 此时实际假定政府补贴强度（保费补贴水平）不依赖于保险公司的风险赔付水平与农业经营的预期收益，仅仅是政府在可支配财力约束下单一主体策略的结果。

得以减弱，此时右上方区域 B 的面积将相应减小，即农业保险稳定策略收敛到点 $E_1(0,0)$ 的概率显著增加，此时即使保险公司降低保费水平或者增加风险赔付水平，也由于 $\dfrac{\partial S_{E_4E_3E_5E_2}}{\partial \eta}<0$，$\dfrac{\partial S_{E_4E_3E_5E_2}}{\partial \varphi}>0$，右上方区域 B 的面积也并不会得到补偿，此时农户、保险公司间形成"不参保，不承保"的概率也将显著增大。概况来说，这意味着在政策性农业保险市场中，政府保费补贴水平与补贴比例具有显著的显性示范效应，当政府提升保费补贴水平或者对某一农产品保险实施保费补贴政策时，将能够对农户形成政府存在进一步加大补贴力度的信号示范，也会对保险公司形成保险市场将进一步放大规模从而可以通过规模增量实现成本控制与盈利的预期①，此时政府补贴的变化将释放出具有乘数效应的示范意义。反之当政府降低补贴强度，或受限于财政支出压力放弃农业保险补贴时，也会对农业保险市场形成巨大的反向冲击，进一步降低农户与保险公司形成"参保，承保"稳定策略的概率。

以下通过演化博弈仿真分析简要考察上述博弈过程中博弈参数的调整对博弈主体策略选择的冲击及系统稳定收敛的影响。本模型使用 MATALB 对复制动态方程进行编写，实现用程序模拟两类主体的博弈行为。首先设置仿真参数如下，$\Delta G=20$，$L=100$，$\eta=0.3$，$g=80$，$S=20$，$c=10$，$\varphi=0.8$，$E(\Delta i)=120$②，分别模拟搭便车系数 $\delta=0.1$，$\delta=0.5$，$\delta=0.9$ 三种演化博弈情形，农户和保险公司的演化路径如图3-9所示。

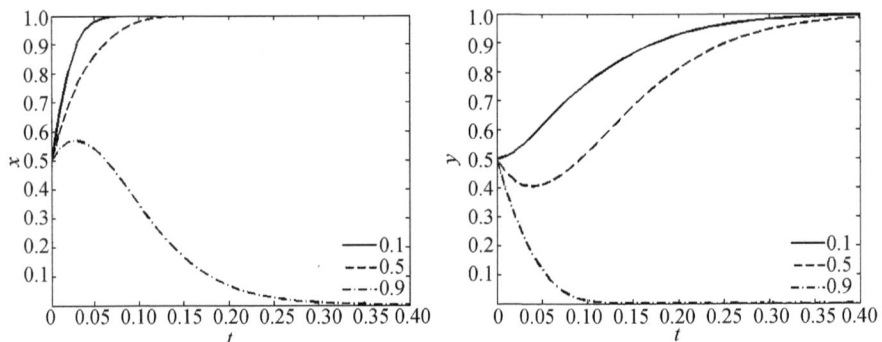

图3-9 搭便车系数调整下的收敛速度比较

---

① 考虑到农业保险"低利润"的社会性约束，此时，农户将产生农业保险保费将进一步降低、风险赔付强度进一步提升的理性预期。

② 在实际的仿真初值选择上，本研究参考了当前政策性农业保险的补贴比例。

由图 3-9 可知，随着搭便车系数值的增大，农户趋向于投保策略的速度越来越慢，且当该值增大到一定程度时，农户的均衡策略将从"参保"过渡为"不参保"。类似地，随着搭便车系数值的增大，保险公司趋向于承保策略的速度越来越慢，当搭便车系数值增大到一定程度时，保险公司的均衡策略选择从"承保"过渡为"不承保"。换言之，搭便车收益的存在，虽然会一定程度上基于农业保险业务的外溢性提升农户整体福利，但会影响到农户参保的收益预期，从而导致农户隐藏行动的出现与向"不参保"策略的转移。

再考虑赔偿系数 $\varphi=0.1$，$\varphi=0.5$，$\varphi=0.9$ 三种演化博弈情形，此时依然预设 $\Delta G=20$，$L=100$，$\eta=0.3$，$g=80$，$S=20$，$c=10$，$\delta=0.5$，$E(\Delta i)=120$，农户和保险公司的演化路径如图 3-10 所示。

由图 3-10 可知，在一定范围内，随着赔偿系数 φ 值的增大，农户趋向于投保策略的速度越来越快，但超出一定范围时，赔偿系数 φ 值的增大反而会减缓农户趋向投保策略的速度，这可能是由于理赔服务惰性导致的。对于保险公司而言，随着赔偿系数 φ 值的增大，在既定的成本约束下，保险公司趋向于不承保策略的速度越来越快，此时在策略跟随影响下，系统向 $E(0, 0)$ 收敛的倾向愈加明显，因此一个合理的、基于保险公司盈利约束的赔付强度对农业保险市场而言也许是必需的前提。

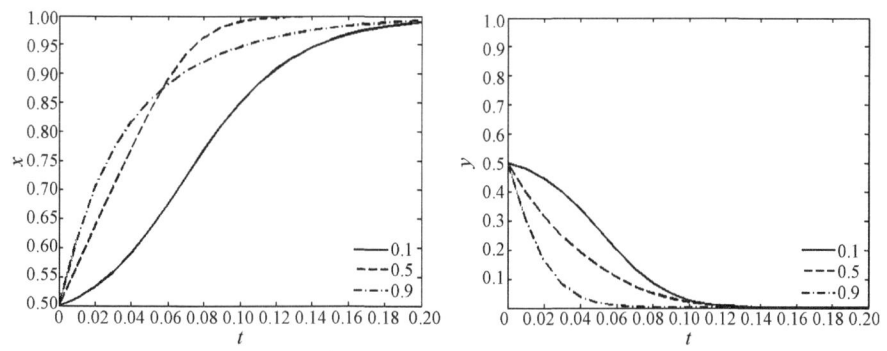

图 3-10　赔偿系数调整下的收敛速度比较

将之与本书"弱博弈均衡"的概念相联系，上述分析实际上说明，即使不考虑农户隐藏意愿与拖延的影响，在连续博弈模式下，政府补贴的强度将对农业保险市场规模存在较强冲击，且这种冲击远远强于保险公司的保费调整行为。也就是说，由于信号示范效应的存在，在一些新型农产品上，若政府采取完全市场化思路而放弃使用保费补贴工具，则农户、保险公司间形成"不参保，不承保"策略的概率明显上升。同时这一"不参保，不承保"成为事实上的稳定策略，即意味着一旦这一策略集形成，完全基于农户与保险公司的主体行为调整是难以从根本上驱动策略集由"不参保，不承保"向"参保，承保"转换的①。对于农户而言农业保险的搭便车效应越小，农户投保意愿越强烈，保险公司供给的积极性也越高。而风险赔偿系数存在一定的阈值效应，即维持适度的赔偿比例才能实现对农户和保险公司的双向激励。这就很好地解释了为何我国农业保险市场中呈现出显著的结构性矛盾（张弛，2017），农户主体的参保惰性很可能来自"搭便车"收益，保险公司主体的承保惰性一方面来自"搭便车"带来的经营成本损失，特别是在那些缺乏政府补贴的产品上，保险市场基金规模难以实现突破，其根源在于参与主体形成稳定策略后的策略依赖，当然，也一定程度上源自参与主体的均衡破解惰性。

3.5　小　结

本部分在对我国农业保险历史实践进行阶段性回顾与规律性总结的基础上，在概述"保险排斥""低水平均衡""供需双冷"的农业保险市场特征描述概念基础上，注意到我国农业保险市场规模"弱态"与均衡"弱态"的双重特征，使用"弱博弈均衡"这一概念对我国农业保险市场进行了特征提炼，并在准确界定农业保险市场的"弱博弈均衡"基础上，从农业保险市场规模弱态与均衡弱态两个维度对弱博弈均衡的存在性进行了论证。

在此基础上，本部分进一步地使用演化博弈模型，在三主体参与的连续策略博弈中，分析了政府补贴强度变化及保险公司保费厘定策略调整对农户、保险公司间参保与承保稳定策略形成的影响，正是由于农业保险市场中政府补贴存在显著的信号示范效应，因此当新型农产品相关保险体系中政府补贴缺位时，农户与保险公司双主体是缺乏打破均衡乃至实现保险市场规模扩张的动力及意愿的，这很好地解释了我国农业保险市场弱态特征得以均衡维持的现实原因，也同时为后文探寻破解弱博弈均衡的政策扶持体系提供了路径支持。

---

① 其原因在于状态转换边界的凸性特征。

4 基于农户视角的农业保险市场弱博弈均衡成因分析

作为针对农业保险市场弱博弈均衡特征分析的一个延续,在从现实观察与农业保险主体策略博弈视角对弱博弈均衡的存在性提供了解释的同时,本部分尝试针对农户主体,借助于计量分析工具论证与分析弱博弈均衡格局中农户参保主体惰性的形成机制,也期望在实证检验农户参保意愿的影响机制与农户参保率地区分化特征的基础上,准确描述农户主体的农业保险参保影响机制及相关影响因素的现实作用路径,从而为后续探寻强化农户参保激励、破解农业保险市场弱博弈均衡的政策体系构建提供参考。

4.1 农户参保意愿的影响机制分析

农业保险弱博弈均衡的一个重要内容就是我国农户农业保险参保意愿不足,下文基于数据可得性,在宏观数据层面构建我国省际农户农业保险参保行为的决策模型,实证检验政府农业保险保费补贴强度、灾后赔付水平、农户风险感知程度等因素对农户参保意愿的实际影响,从而为弱博弈均衡提供解释。

4.1.1 农户参保意愿的决定——理论分析

作为为数不多的 WTO 允许的"绿箱政策"之一——政策性的农业保险保费补贴,由于有效克服了市场失灵导致的保险公司参与意愿不足,也降低了农业生产主体的预期风险管理成本(James 和 Paul,2008),因而成为稳定农业生产、提升农户福利的重要政策工具,并为世界上大多数国家所采用。在这一思路下,我国自 2007 年开始也明显增强了对农业保险的政策支持强度,此后我国农业保险在农户参保数量、政府保费补贴规模、农业保险赔付金额等方面规模迅速扩大,2017 年我国农业保险参保户数已达 2.13 亿户,承保农作物 21 亿亩。政府保费补贴支出总额 341.7 亿元,农业保险也成为我国农业三扶持战略思路的重要组成部分。

但是，在我国农业保险规模持续扩张、覆盖农户数日益增加的同时，农户参保意愿不足的问题成为制约农业保险向更多农产品、更多农户扩张的现实瓶颈（周稳海等，2014）[①]。诸多研究对此提供了解释。徐斌和孙蓉（2016）认为农户参保意愿不足的根源在于过低的农业保险赔付标准[②]，这使得大量种植规模小的农户对农业保险普遍持"不排斥但不积极"的态度；Mishra（2005）、张弛等（2017）同样认为农业保险赔付水平较低降低了农户参保的热情，因为外出务工以及就地的非农性生产等替代性收入渠道明显具有更强的福利增进效应；宋丽智等（2016）也指出，我国农业保险规模之所以能够迅速增加更多地来自政府半强制性推广的贡献。而基于物料成本的保险核算模式与较低的赔付水平，在降低农户的农业保险参保意愿同时，还可能由于强制性的农户保费支出，减少农户可支配的农业投入资本。进一步地，风险补偿不足进而导致替代性收入获取意愿的增加，也会提升外出务工的意愿进而挤出农业投入端的农村劳动力，最终通过要素挤出效应导致"减产"的出现。

不过与上述研究秉持"农业保险赔付水平偏低降低参保意愿"这一观点不同，另一些研究者则坚持认为赔付水平的高低并不能够解释农业保险参保意愿。由于我国的农业保险，特别是主粮与主要农作物保险，依然遵循着"低保费、补成本、正收益"的特征，即使灾后农业保险赔付不足以有效缓解农户收入与福利衰减，但政府补贴下的农业保险参保依然是一个典型的正收益行为（庹国柱等，2013），特别是在知识可补充（可以参考历史收益）的连续决策模式下，农业保险参保几乎是毋庸置疑的理性决策（Horowitz 等，1993）。那么，我国农户的农业保险参保行为，在政府具有规制特征的政策约束下，是否与农业保险赔付强度相关？较低的农业保险灾后补偿是不是确实降低了农户参保意愿？农户风险感知能力、政府农业保险补贴规模又如何影响农户参保行为？更准确地说，究竟是哪些因素影响并决定着农户的农业保险参保意愿及参保决策，在上述学术争论存在的前提下，这无疑是一个有待进一步厘清的现实问题，也决定着我国农业保险能够顺利实现"扩面、增品、提标"的预期

---

① 中国保监会（2014）的调查发现，我国农户中对农业保险了解与熟悉的仅占调查样本的17.2%，具有积极参保意愿的农户仅为33.98%。

② 根据郑军、汪运娣（2017）的估算，我国农业保险平均赔付水平仅为收入损失的5%~15%，远远低于成熟市场国家35%~60%的赔付水平。原因在于我国农业保险市场属于寡头垄断型市场，从而由于竞争的缺乏降低了农业保险赔付标准，同时较大的农业保险受众群体使得保险公司缺乏提升赔付标准以吸引农户参保的意愿。

目标。

从现有的讨论农户农业保险参保意愿影响因素的研究看，自 Hazell 等（1986）在一个局部静态均衡框架下建立了农户农业保险参保决策模型后，政府补贴强度、农业保险赔付标准、农户风险感知能力等因素对农户参保意愿的影响开始大量地基于微观决策模型而展开。Serra 等（2003）认为，农户参保意愿取决于农户对未来灾害发生的预判概率、家庭收入结构及波动程度的影响。Monte（2001）则强调农户收入水平、教育程度、其他风险补偿渠道可得性以及农业经营资本投入强度对农户参保意愿的影响。同时他们的研究都一致性地认为政府是否在农业保险上进行保费补贴以及灾后的农业保险补偿标准是农户参保的重要决策变量。彭可茂等（2012）、郭翔宇等（2015）基于我国微观调查数据的实证研究也得到了相同的结论。

不过，Sherrick 等（2004）、Goodwin（2005）的研究却坚持认为，虽然政府保费补贴能形成参保激励，但灾后赔付与风险补偿强度却并不影响参保概率。原因是赔付水平的高低并不改变参保的正收益特征。更值得注意的是Ramirez 和 Shonkwiler（2017）的研究，他们以西亚农业地区数据得出的结论认为，农业保险赔付标准与参保意愿负相关，原因是较高的赔付往往意味着农户面临较高的自缴保费，同时较高赔付实际上说明即使不参保，政府也会以较大力度进行农户灾害补偿，由此引出了农业保险赔付的"惰性假说"。

以中国为样本的相关研究，也较多地集中于探讨政府保费补贴强度、教育、年龄等农户个体特征以及农户收入结构对农业保险参保意愿的影响（姜岩和李扬，2012；马述忠，2016），但尚未延伸到"惰性假说"的验证上，同时上述研究也没有有效地剥离我国具有规制特征的政府强制性参保约束对农户参保意愿的影响，这可能一定程度上高估了我国农户参保的意愿，强化了农户收入对农户参保行为的影响①。

4.1.2 农户参保意愿影响因素的实证检验

（1）模型设计与变量说明

在具体的样本选择上，考虑到我国目前农业保险的费率、政府补贴标准、农业保险赔付标准在不同农产品间差异极大，如三大粮食作物政府保费补贴比例不能低于45%，而在种猪、一般畜牧、蔬菜、水果种植业政府保费补贴比

---

① 当农户具有较高的农业收入时，代表具有较多的耕种面积、较为先进的农业技术与较大的农业生产规模，而这些农户在政策性约束中往往成为重点的选择对象。从而给出了虚假的收入与参保间的关联性。

例一般低于30%，在缺乏细分农产品农业保险数据前提下，为了控制产品结构差异对实证结论的影响，本研究选择了我国2016年主粮产量排序中最大的黑龙江、吉林、湖南、湖北、河南、山东、河北、陕西、辽宁、江苏、安徽、浙江、新疆、内蒙古、山西共15个传统粮食主产区。在数据可得性基础上，样本期确定为2008—2016年。

在模型设计上，参考Ramirez和Shonkwiler（2017）的研究，在宏观面板数据维度上，我国农户农业保险参保方程可表示为：

$$aip_{it} = \alpha_0 + \alpha_1 pay_{it} + \gamma_1 gov_{it} + \eta_1 vaf_{it} + \sum \beta_j x_{jit} + \varepsilon_{it} \quad (4-1)$$

式中，aip_{it}为衡量农户参保的变量；pay_{it}、gov_{it}与vaf_{it}为本研究重点关注的农业保险赔付标准、政府对农业保险参保的强制性约束力度以及农户风险感知程度对农户参保行为的影响；x_{jit}为其余与农户参保行为相关的影响变量。

在具体的变量选择与测度上，由于宏观层面缺乏有效的农户参保意愿测度指标，本研究使用各年各省份农业保险参保户次占乡村人口的比重衡量aip_{it}，在农业保险赔付标准的测度上，虽然我国目前开展农业保险业务的保险公司共计30家，且农业保险赔付标准存在一定差异，但本研究局限在主粮产区，而主粮保险目前超过85%的份额集中在中国人保、安华农业保险公司以及阳光农业互助保险公司3家，而这3家农业保险中主粮赔付标准基本统一，因而可以忽略保险公司差异的影响。在具体的赔付强度上，代宁和陶建平（2017）使用各省份农业保险年度赔付总额测度赔付强度，但这种测度实际上忽视了年份与省份间灾害出现概率以及受灾程度的差异，因而会明显高估灾害高发年份与省份的赔付强度，本研究则使用年度省际农业保险赔付总额/年度农村受灾面积来衡量农业保险赔付强度pay_{it}。

在政府对农业保险参保的强制性约束力度gov_{it}的测度上，参考Goodwin（2005）的研究，使用主要粮食作物产出占种植业总产出的比重衡量，其隐含的假设是，在那些主粮占比较高的产区，农业经济份额与农业发展在地方政府的政策目标中重要性相对突出，因而政府具有更强的偏好与意愿推动农业保险。而在农户风险感知程度vaf_{it}的测度上，本研究使用滞后一期的"农业保险赔付总额/单位受灾面积"下的农业保险个人缴费总额作为替代变量，原因是前期的农业保险赔付规模一定程度上能够代表灾害发生概率，从而在信息可得的连续决策中，能够显著影响当期的风险预期水平与风险感知程度。

在模型其他相关控制变量的选择上，参考彭可茂等（2012）、周稳海等（2014）、郭翔宇等（2015）、张弛等（2017）、Ramirez和Shonkwiler（2017）的研究，本研究引入了省际农业保险政府补贴强度、农业保险个人缴费规模占保费比重、农村劳动力教育程度，农户收入结构、城镇化率、外出务工普及性5个控制变量。农业保险政府补贴强度采用较多文献中使用的中央与地方农业保险保费财政补贴总额占各省财政支出总额比重衡量，而农村劳动力教育程度（以农村人口平均受教育年限衡量）的引入，是考虑到更高的教育与知识水平能够通过影响预期风险管理意识与政策阅读能力影响农业保险参保决策，而农户收入结构（以"各省份人均农业收入/农村人口人均可支配收入"衡量）对农业保险参保行为的影响则来自 Sherrick 等（2004）所提出的收入风险替代补偿机制，因为当农户家庭对农业种植收入高度依赖并缺乏其他的有效风险管理与收入替代手段时，农户稳定预期收入进行风险平滑的意愿将大大上升，外出务工普及性的引入也是基于相似的理由，并使用"各年度各省份农村家庭汇款总额/农村人口总收入"测度。

最后，模型中引入城镇化率的原因是较高城镇化水平的省份农业种植结构往往呈现多元化特征，且城镇化水平较高导致城市近郊乡村数量的上升，此时非外出务工的农业人口非农就业概率明显增加，最终也会通过收入结构的变动反映在农业保险参保概率上。具体的城镇化率使用"城镇人口/各省总人口"衡量。

书中所涉及变量的定义及相关测度方法详见表4-1。

表4-1 变量测度方法

变量	测度方法
农户参保意愿	农业保险参保户次/乡村人口
农业保险赔付强度	省际农业保险赔付总额/年度农村受灾面积
农业保险参保强制性约束力度	主要粮食作物产出/种植业总产出
农户风险感知程度	滞后一期的农业保险赔付总额/单位受灾面积下的农业保险个人缴费总额
政府农业保险保费补贴强度	中央与地方政府农业保险保费财政补贴总额/各省份财政支出总额
农户个人缴费比重	农业保险个人缴费总额/农业保险保费收入总额
农村劳动力教育程度	农村人口平均受教育年限
农户收入结构	人均农业收入/农村人口人均可支配收入
外出务工普及性	农村家庭汇款总额/农村人口总收入
城镇化率	城镇人口总量/各省份总人口

表 4-2 给出了本书中实证研究所涉及数值型变量的描述性统计量。

表 4-2 数据描述性统计

	均值	标准差	中位数	最小值	最大值
农户参保意愿	0.019 4	0.271 2	0.043 5	0.008 6	0.073 5
农业保险赔付强度	13.272 4	2.475 7	11.767 8	4.376 8	19.073 4
农业保险参保强制性约束力度	0.365 7	0.047 5	0.406 5	0.104 7	0.642 5
农户风险感知程度	22.753 4	5.735 5	23.075 4	0.000 0	45.855 5
政府农业保险保费补贴强度	0.079 3	0.005 1	0.073 8	0.031 9	0.084 1
农户个人缴费比重	0.583 2	0.002 9	0.591 0	0.431 1	0.769 2
农村劳动力教育程度	5.374 4	0.174 5	4.863 5	4.174 5	7.873 5
农户收入结构	0.485 6	0.085 3	0.541 1	0.110 8	0.786 5
外出务工普及性	0.244 5	0.076 1	0.301 9	0.074 5	0.532 4
城镇化率	0.521 8	0.086 5	0.497 2	0.401 9	0.667 3

数据来源：2009—2017 年《中国统计年鉴》《中国农业年鉴》及《中国保险年鉴》。

(2) 农户参保意愿的影响因素分析

在进行农户参保意愿影响因素模型的参数估计时，一个明显的事实是，本研究引入的解释变量中所涉及的农业保险赔付总额、主要粮食作物产出、政府农业保险保费财政补贴总额与模型被解释变量农户参保意愿测度中使用的年度省际农户参保户次间存在着双向因果关系，因为农户参保户次的变动会通过规模效应、赔付效应与政府比例管理的补贴模式效应最终影响到农业保险赔付、农业保险财政补贴及农业总产出，即模型存在典型的内生解释变量问题。考虑到工具变量的适用性原则，本研究引入被解释变量 aip_{it} 的滞后期变量 aip_{it-1} 作为工具变量，由此模型变为动态面板模型，为保证参数估计结果的一致性，本研究使用动态 GMM 方法完成参数估计。在具体的模型形式选择上，考虑到农业产品差异导致的技术异质性特征，本研究构建固定效应的变截距模型来分离不可测变量导致的异质性影响，同时模型中引入了 AR（1）项以控制残差时序相关。最终的估计结果详见表 4-3。

表 4-3 同时给出了忽视内生性问题时的固定效应模型估计结果，根据 OLS 与工具变量存在时的 GMM 估计结果可知，在不考虑内生性问题时模型出现多个参数不显著，且城镇化率变量对农业保险参保意愿的影响显著为负，明显与

相关经验研究及理论分析结论相悖,而Ⅳ估计思路中引入的农户参保意愿滞后一期变量显著,因而可以证实模型确实存在内生解释变量问题,而忽略此问题将错误估计相关变量的真实影响。

表 4-3 农户参保意愿的动态面板估计结果

解释变量	OLS 估计	Ⅳ+GMM 估计
农业保险赔付强度	—	—
农业保险参保强制性约束力度	0.022 4***	0.011 3**
农户风险感知程度	0.030 0*	0.076 1***
政府农业保险保费补贴强度	—	0.029 5*
农户个人缴费比重	-0.010 1*	-0.017 7*
农村劳动力教育程度	0.000 5***	0.004 7***
农户收入结构	—	0.028 0***
外出务工普及性	—	-0.022 2*
城镇化率	-0.033 1***	—
农户参保意愿滞后一期		0.008 0***

注:① *** 表示在1%的水平上统计显著,** 表示在5%的水平上统计显著,* 表示在10%的水平上统计显著。
②—代表对应解释变量不显著并在模型中予以剔除。
③变截距参数估计结果由于并不影响实证模型的机制分析,因此结果并未给出。

根据表 4-3 中Ⅳ+DGMM 的参数估计结果,我国农业保险的规制性约束力度显著地促进了农业保险参保行为的出现,这种基于政府引导的具有隐性约束力的,以村、乡、镇为响应主体的集体性农业保险参保,确实成功地助推了我国农业保险向更广覆盖、更深层次的发展,这使得我国农业保险参保表现出典型的"被动型"特征,也能够一定程度上解释农业保险规模扩张与农业保险保障强力较弱同时存在的现实。

与 Monte(2001)基于微观数据得出的实证结论类似,本研究也证实农户风险感知程度与农户参保意愿间显著正相关,但同时以"年度省际农业保险赔付总额/年度农村受灾面积"衡量的农业保险灾后赔付水平却并不存在对农户参保意愿的显著影响。也就是说,滞后期的赔付强度而非即期赔付强度才能够影响到参保意愿。这表明我国农户参保具有典型的盲从性"跟随效应",即可观察到的周边农户曾经的获赔经历,以及隐含的滞后期未参保导致的风险损失能够一定程度上刺激农业保险参保意愿的出现，但农户却缺乏对参保行为能够实现即期预期收入管理的充分认识。这种盲从性的、基于历史经验而非未来预期的风险处理思路，实际上说明我国当前农户依然缺乏甚至尚未形成通过有效的风险管理手段稳定预期收入的意识，即使强制性的政策约束实现了超过2亿户农户的农业保险参保，但基于自我意识的、主动性的参保意识依然未成为农业保险参保的主要决策依据。政府的农业保险约束在普及保险知识和保险思维培训方面任重而道远。

同时，根据表4-3还可知，政府农业保险保费补贴强度与个人缴费的成本负担对农业保险参保行为的影响也得到证实，且政府补贴强度的上升及个人参保费率的下降都能够显著增加农户参保意识。当前我国农业保险逐渐向全部农产品推广，如何确定政府的最优补贴强度，如何通过强化农业保险公司的市场竞争降低个人保费负担，确实是未来进一步促进农业保险发展的重要问题。

从相关控制变量对农户参保意愿的影响看，农村人口受教育程度的提升，确实能够通过风险意识的增强以及政策理解能力的提升，有效地促进农业保险参保，而农户收入结构以及农户家庭的外出务工决策也显著地冲击到参保意识，农户家庭对农业性收入的依赖强度，以及是否存在通过外出务工等渠道获得补偿与替代性收入，都一定程度上决定着农户参保决策。自改革开放以来的农村劳动力乡城大迁移，确实在完善了农村家庭收入结构与抗农业风险能力的同时，弱化了农业保险对农户的福利增进效应。同时，也从侧面说明，当前我国农业生产主体——农户实际上除了非农性收入外，缺乏有效的农业风险管理手段来稳定农业产出与农业收入（庹国柱，2013）。外出务工既是增收驱动下的主动选择，但同时也是靠天吃饭的被动决策。此外，城镇化率对农户参保意愿的影响未得到证实①，这与本研究选择主粮生产区样本有关，因为相对而言，主粮生产在粮食安全的宏大议题下具有不可替代性，从而使得劳动力向非农部门转移的速度放缓。

（3）控制种植结构的参保意愿分析——分位数回归

一部分的研究已经发现，我国当前农业保险的政策推广模式存在"重主

---

① 严格来说，城镇化对农户参保意愿的影响存在多种影响机制，不显著的结论可能是多种机制交互作用的结果。具体的影响路径主要包括两个：一是周稳海（2014）提及的收入结构效应，即城镇化的加速使得农村劳动力获得非农收入的时间与地理成本显著降低，因而导致农户家庭收入结构的变动并降低参保意愿；二是Monte（2001）证实的，城镇化通过影响农户的新知识获取能力以及高效率技术的采用，能够增强农户的风险管理意识与参保意愿。

粮、轻经济作物""重种植业、轻林业与渔畜牧业"的倾向（张跃华，2005；刘从敏等，2016），而实际上从农业保险需求层面看，反而恰恰是经济作物、林业、渔业与畜牧业更具有资本投入大、替代性风险补偿机制缺乏等问题，往往存在更强的参保意愿。我国农业保险推广中表现出典型的政策方向与农业保险需求偏离问题。这意味着基于宏观数据分析农户参保意愿，必须能够很好地控制农业结构，更具体地说是农产品结构以及农业保险参保的产品结构的影响，但目前现有的数据口径实际使得农产品结构不可得。这一定程度上会掩盖甚至导致错误的分析结论。虽然本书前述的实证分析通过采用固定效应变截距模型能够一定程度上控制省际异质性对农户参保意愿的影响，但这种基于截距差异的控制思路仅仅能够实现静态的、长期异质性的处理，而无法在一个非均衡的动态框架下完整的控制不可测变量的冲击（Moansfiled，2004）。由此本研究基于 Devier 和 Locus（1999）提出的面板分位数回归模型，构建基于农产品参保需求差异而形成的识别样本分位数模型①，以期分离出农产品差异对农户参保的影响进而保证实证分析的可靠性。

具体的农产品结构样本识别思路如下：首先假定农产品在主粮与非主粮农业上存在显著的参保意愿差异，非主粮生产的农户参保意愿较强，而主粮生产的农户参保意愿较弱，但同时由于主粮生产的农业保险参保政府约束力度大，因而省际样本同时存在基于农产品结构差异的高参保意愿、低参保意愿省份，以及基于被动型约束导致的高参保行为与低参保行为省份。在全部 15 个省份中，以主粮产量/农业总产出指标进行省份排序，再逐一剔除 15 个省份中属于高参保意愿但存在低参保行为或者低参保意愿同时具有高参保行为的省份，最终剩余黑龙江、吉林、湖北、河南、山东、陕西、辽宁、安徽、山西 9 个省，再利用这 9 个省数据构建面板分位数模型，进而分离出农产品结构差异及强制性参保约束对农户参保行为的交互影响。

具体的分位数模型参数估计结果详见表 4-4，参数估计方法使用了有限信息的极大似然估计②。考虑到界面样本数量限制，分位数水平选择 25%、50% 和 75%。还需要说明的是，由于省份样本识别中有意识地剥离了强制性农业保险参保约束的影响，以下分位数回归中并未包含反映农业保险政府约束强度的变量，估计结果详见表 4-4。

---

① 识别样本分位数回归的实证思路源自 Naril（1997），实际是一种采用倾向得分匹配的思路控制不可测变量的影响。

② 面板分位数回归的估计程序源自 www.stata.com 中的 LM-LQMM 程序包。

表4-4 识别样本的面板分位数回归结果

解释变量	25%分位点	50%分位点	75%分位点
农业保险赔付强度	—	—	0.035 5***
农户风险感知程度	0.028 6*	0.041 4***	0.093 5***
政府农业保险保费补贴强度	0.051 2**	0.039 9**	0.058 8***
农户个人缴费比重	−0.001 7***	—	—
农村劳动力教育程度	0.004 3***	0.022 1***	0.057 5***
农户收入结构	0.004 6***	0.000 3***	—
外出务工普及性	−0.053 1**	−0.006 7*	—
城镇化率	−0.030 5***	−0.034 4***	—
农户参保意愿滞后一期	—	0.075 0***	0.045 1***

注：① *** 表示在1%的水平上统计显著，** 表示在5%的水平上统计显著，* 表示在10%的水平上统计显著。

② —代表对应解释变量不显著并在模型中予以剔除。

从分位数回归的估计结果看，如果认可本研究基于参保意愿与参保行为间匹配的样本识别思路，则上述不同分位点的分析结果实际上是在控制了农产品结构对参保意愿及参保行为的交错影响基础上得到的结果。根据表4-4可知，在不同的分位数水平上，农业保险赔付强度对农户参保意愿的影响存在显著差异，只有在75%分位点的对应于非粮食种植比重较高的省份样本，农业保险赔付强度才与农户参保意愿存在显著正相关，同时政府的农业保险保费补贴强度对农户参保意愿的影响也随着分位点从25%上升到75%而呈逐渐增强态势。这进一步证实了政府当前基于粮食安全、主粮供应目标而实施的偏主粮、偏种植的倾斜性农业保险补贴思路，确实存在着与农户参保需求间的结构偏离。在大量的以养殖以及林、渔为代表的农业生产中，农户的主体参保意识较强，但政府扶持力度明显不足，当然这与此类农产品风险程度较高、市场波动性大、保险公司缺乏经营意愿有关，但也同时说明进一步推进农业保险发展的最优政策切入点也许应该集中在上述农产品领域中。

此外，农户风险感知程度、农户受教育年限对不同分位点的回归结果并不存在较大差异，这说明教育程度的改善、农户基于经验而非预期的风险感知程度对农户参保意愿的影响在产品结构层面并未表现出显著差异。现有的农业保险管理体系在依托教育与风险培训推进农业保险的路径上可以执行一致且稳健的政策思路。

不过值得注意的是，以农户收入结构与外出务工普及性测度的收入结构及替代性收入渠道的存在对农户参保的影响却存在典型的分位数差异，具体来说，对农业收入的依赖刚性以及其他的补偿性收入渠道的缺乏对参保意愿的影响更多体现在偏重主粮种植的农产品省份与农户家庭中，而在非主粮农业生产中，参保意愿对收入结构不敏感。这一方面说明控制农产品结构的影响确实能够更为准确地识别农户参保意愿的影响机制，另一方面也说明，由于产品差异导致的利润率差异，可能是解释参保意愿差异的重要原因，当农业收入不足以支撑农户家庭支出时，农户参保意愿高度依赖于收入结构。而对偏重于非主粮种植农户而言，其收入结构的变动却不能显著改变农业保险参保意愿。这说明收入结构对农户参保意愿的影响存在门槛效应，而门槛水平就主要依赖家庭收入中农业收入的具体水平。

本研究在一个宏观数据维度下，通过构建农户农业保险参保行为方程的面板模型，实证检验了灾后农业保险赔付标准、政府保费补贴强度、农户风险感知水平以及农业保险的政策强制性约束力度对农户参保意愿的影响。实证结果表明，农户参保行为方程具有典型的内生性特征，并且在不同的农产品结构特征下，农户参保行为方程具有典型的差异性模式。

从农户参保行为的影响机制看，农户风险感知水平、政府保费补贴强度、农村劳动力受教育程度、农户收入结构及以外出务工衡量的替代性收入渠道的存在都显著影响农户参保意愿。而农业保险灾后赔付标准与补偿强度，并不能够显著影响参保概率，这意味着我国普遍性存在的农业保险保障强度低的现实，并不能够完全解释农户参保意愿的高低。最终农业保险的农户覆盖水平实际上取决于政府强制性的参保约束力度、农户风险管理意识以及收入结构特征。

同时，实证结论还发现，我国农户参保具有典型的盲从性"跟随"特征，基于经验观察而非风险预期管理需要才是农户参保的主要驱动力，同时在以主粮与非主粮划分的农产品结构下，农户参保意愿的影响机制也存在显著差异。当前"偏主粮、偏种植业"的农业保险倾斜思路，在这种差异性影响机制下，导致了种植结构差异导致的风险需求差异，进而一定程度上降低了农户参保意愿，造成了弱博弈均衡的出现。

将前述实证结论上升到政策层面，可以得到如下的政策启示。

第一，虽然由于农业保险经营主体缺乏有效竞争与经营创新导致我国农业保险赔付标准及灾后补偿强度较低，但这并不是农户参保意愿偏低的根本原因。农户意愿不足的深层次原因在于农业保险政策倾斜思路与农户参保需求间存在严重偏离,未来我国农业保险持续推进的重点应该从主粮产品领域向经济作物、养殖业、林业及渔业发展。

第二,我国农业保险特别是主粮种植中参保户数的增加更多是源自政府规制层面基于强制性约束所驱动,农户的自我参保意识明显不足,农业保险的政策推广在继续依托强制性规制路径的同时,必须有效地进行农户的风险意识培育,才能够有效保证农业保险向更多产品、更广范围推进。

4.2 基于区域分化视角的弱博弈均衡与农户主体参保惰性解释

前述的实证分析基于省际面板数据考察了农户参保决策的决定过程及相关影响机制,但一个现实的问题是,对参保决策的分析实际上仅仅能够对农户是否参保提供经验检验,而无法基于参保的事后决策结果考察农户潜在参保意愿的差异,从而难以对本研究的重点"农户参保惰性"提供更多的帮助,因此,下文尝试在测度我国省际参保率水平的基础上,从地区分化的视角,基于"准自然实验"的实证思路,构建"高参保意愿(高参保率)组、低参保意愿组(低参保率)"的省际参保意愿结构性数据,从地区分化的视角,分析参保意愿差异的内在机制。

4.2.1 如何测度农户参保意愿不足

在农业保险"弱博弈均衡"的市场格局下,下文尝试基于农户参保意愿不足的现实理解,在实证框架下对此提供进一步的证据,但在分析我国农业保险农户参保意愿偏低的现实时,一个较为明显的困难在于参保意愿偏低本身是难以观测的,因为这要求能够观测到相应政府补贴强度外生给定时最优的农户参保水平或者是农户参保意愿,同时弱博弈均衡下农户参保意愿不足本身是一个相对指标,特别是在农业保险业务覆盖了多个农产品的前提下,农户在不同品类农业保险上的参保意愿差异也会影响对农户参保真实意愿的准确观测。

在这一问题的解决上,一部分的文献采用了自然实验法与合成回归的思路,即基于历史数据将政府补贴强度的变化分为弱补贴、强补贴或者有补贴与无补贴两个阶段,进而考察在不同的补贴强度下农户参保率与参保意愿的变化,从而在识别出政府补贴对农户参保的激励效应,同时也可以间接的测度到农户潜在参保意愿(静态参保意愿)水平(彭可茂等,2012;James 和 Paul,2008),进而为实际参保率偏离理应具有的潜在参保率提供解释。

但是,一个明确的事实是我国自 2007 年加大了农业保险参保的政府保费补贴强度后，农业保险的农户实际参保率实际有一个显著的上升，这种相对水平的变化在肯定了政府补贴的激励效应同时，却无法改变我国农户参保率绝对水平的偏低事实①。因此，如果沿用这种思路来为我国低水平均衡特征下的农户低参保意愿进行检验，可能将高估政府补贴强度的增加对农户参保意愿的现实激励效应，因为农户参保率的相对上升是迅速而显著的（庹国柱等，2012）。

不过值得注意的是，我国非均衡的省际发展格局却在一个静态时间维度下，为考察农业保险农户参保意愿弱化的现实提供了一个视角。即在相同的时点上，假定中央政府对农业保险的参保补贴维持了一个统一的强度②，在不同省份间如果存在农户参保意愿或者真实参保率的典型差异，则通过对这种省际农业保险参保差异的分析，就能够为我国农业保险发展进程中农户参保激励不足、参保意愿较弱的现实提供直接的证据与解释，也能够进一步观测到究竟是何种因素影响与制约了农户对农业保险业务的个体响应程度与参保意愿，由此本研究确定了在干预—控制的反事实框架中，通过省际农业保险参保率的差异来解释我国农户参保惰性的思路。

4.2.2 我国省际农业保险参保率的地区分化特征

从我国农业保险发展的区域性结构视角考察却能够发现，与区域经济发展格局的非均衡特征类似的是，我国农业保险农户参保率也呈现出典型的"区域分化"现象，并具体表现为农业保险农户参保率的中部、西部、东部梯次衰减特征。如图4-1所示，2007—2016年区域农业保险农户参保率始终表现为中部最高、西部次之、东部最低③，且这种农户参保率的区域分化并未表现出收敛态势，考虑到直辖市的农业结构与农业经济形态相对特殊，若将我国4个直辖市单独合并为"城市经济体"，则城市经济体的农业保险农户参保率水

---

① 本书第三部分中对我国农业保险的保险密度与保险深度的分析能够对这一判断提供直接的证据。

② 当然，中央政府的农业保险补贴强度在省际高度一致化是可以观察到的，但如果将地方政府基于地方财政收入进行的农业保险保费补贴纳入分析框架中，这种补贴强度的一致化就是难以成立的，因为我国地方政府的公共服务非均等化是我国区域发展的显著特征。而农业保险保费补贴受限于不同地方政府的可支配财力，也成为公共服务非均等化的一个重要内容。但考虑到目前我国农业保险保费补贴中超过75%的资金依然来自中央政府，则这种假定具有一定的合理性。

③ 东部、中部、西部的区域分组详见后文样本数据说明，区域及省际参保率由作者估算得到，具体的计算方法为，依据公开性报道、《中国保险年鉴》获取每一年份各省份农业保险参保户次数据，再利用《中国统计年鉴》与《中国农业年鉴》的数据利用农村人口与户均人口指标计算各省份各年度农村户数，并使用"农业保险参保户次/农村户数"计算得到各省份各年度农业保险参保率，再进行算数平均计算东部、中部、西部及城市经济体的区域农业保险参保率。

平更远远低于东部、中部、西部地区,且在时序维度上的差异化特征更为明显①,实际上这种区域分化特征在杜伟岸等(2016)以区域农业保险政府补贴效率差异为对象和王韧等(2018)以区域保费收入差异为对象的分析中都得到证实。但同期从农业保险的覆盖产品类别、保费补贴强度及灾后农业保险赔付标准等方面看,经济发达地区与不发达地区的农业保险政府支持力度并不存在显著差异(张伟等,2014)②,为什么在相对统一的政府扶持策略下③,我国不同区域的农业保险农户参保率存在显著差异?是不同区域的农户间存在不同的农业经营风险平滑手段从而导致对农业保险的依赖度不同?还是非均衡的区域发展格局下农户收入结构差异使得农业保险农户参保率出现离散?又或者是自然禀赋条件作用下的灾害发生概率差异冲击了农业保险参保的风险收益水平?厘清这一问题对理解农业保险弱博弈均衡特征下的农户参保主体惰性、进一步扩大农业保险覆盖率及实现农户福利保障无疑具有重要意义,也能够对实现农业保险"增品、扩容、提标"目标的具体政策路径提供启示。

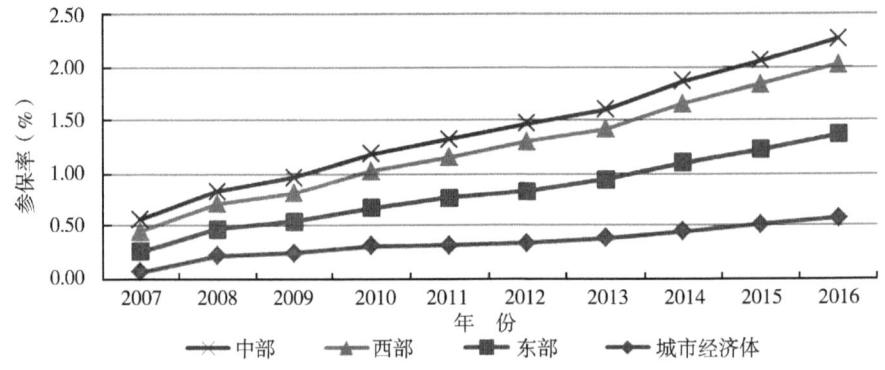

图 4-1　2007—2016 年各区域农业保险参保率比较

---

① 这种差异化特征主要体现在城市经济体的农业保险参保增速明显低于其他区域,因此参保率的差异存在放大的趋势。

② 本研究计算了各省份农业保险赔付标准及农业保险覆盖产品类别的省际离散度,以及东部、中部、西部地区的区域离散度,省际与区域离散度仅为 0.11 与 0.07,远低于农户参保率的对应离散度。

③ 当然,我国农业保险政府补贴体系涉及中央政府与地方政府,在不同的地方政府可支配财政能力约束下,地方政府的农业保险补贴策略从险种和补贴强度看确实存在一定差异,罗向明(2011)、郑军和汪运娣(2017)将之概括为"发达地区高补贴、高保障,欠发达地区低补贴、低保障",如果这一结论是准确的,则这种东部地区高补贴与低参保、中西部地区低补贴与高参保,更是难以理解与值得关注的。

考虑到现有文献对我国农业保险参保的地区分化特征尚未提供完整的解释，同时更深入理解农业保险参保的地区异质性及其原因，有助于进一步从顶层设计的维度优化我国农业保险政策体系，缓解区域非均衡的经济发展格局下地区可支配财力差异与农业保险推广间的矛盾，本研究在宏观数据层面基于干预—控制的反事实框架，将省际高农户参保率与低农户参保率视为一个具有高度一致性的政府保费补贴激励政策下的差异性反应，并将低参保省份设定为"农户参保意愿不足"，即将省际参保率差异视为一种弱博弈均衡的程度反映与农户真实参保意愿驱动下的参保率现实反映，进而基于宏观数据维度构建我国区域农业保险参保决策行为模型，并重点从区域种植结构、农户替代性收入的可得性及区域政府农业保险参保隐性约束强度等视角对农户农业保险参保率"区域分化"特征提供解释，从而为理解我国农业保险市场弱博弈均衡以及农户主体的参保惰性提供实证依据，也据此识别出未来提升农户参保意愿、抑制农户主体参保惰性的政策影响路径与政策着力点。

4.2.3 基于地区分化视角的农户参保意愿不足的实证解释

(1) 理论分析

如何理解农业保险农户参保率所呈现出的"地区分化"特征，现有文献实际上已经提供了一些初步与侧面的解释。Serra 等（2001）认为，随着财富的积累与收入的提高，农户风险规避意愿的减弱将降低农业保险参保概率，这意味着我国经济发达省份农户收入的相对较高将对农业保险参保形成"挤出效应"。此外，替代性收入渠道的存在及非农收入的增加在丰富了农户风险管理工具多样化的同时，也将与农业保险形成竞争关系，从而降低农业保险参保意愿（Carriker 等，1991；施红，2009），因为当农户存在非农业性收入时，通过农业保险参保实现灾后收入补偿就变得相对次要了，因此，对那些东部地区的农户而言，由于区域经济的相对发达与城市经济体的无缝覆盖，低人力资本门槛就业机会的增多使得其通过非农业性经营活动获取收入的时间与物质成本显著降低，使得农户具有了通过务工与经商进行收入风险管理的能力，这种收入结构的多元化与非农性收入占比的提高将严重压缩农业保险在风险平滑方面的作用，从而减弱对农业保险的依赖刚性。

Rejesus（2005）、刘蔚和孙蓉（2016）的研究证实，在农业保险产品覆盖不完全时，不同种植结构的农户参保意愿是不同的，只有当农业保险覆盖的产品种植比例较高时，参保意愿才相对强烈。对东部地区农户而言，较高的城镇化率与消费升级使得其种植结构中蔬菜、水果等经济类作物占比较高，而我国在经济类作物、养殖、畜牧等新型农业中或者缺乏针对性的农业保险产品（王国军和李京辉，2018），或者因为较低的风险保障强度（王秀芬等，2012）及直接物化成本的风险覆盖模式难以满足农户需求，进而降低了农户参保的积极性。

此外，考虑到我国地方政府在财政分权下具有发展农业保险的激励（熊志刚和安秀梅，2018）与"规制策略"的行为习惯，农业保险参保更多时候并非完全来自农户个体自主决策，而是一种政府主导的、具有隐性政府约束力的集体选择行为，而由于市场化程度的差异，中西部地区的政府往往具有较强的规制约束力度与较低的规制阻力（王小鲁等，2016），代表了政府意愿的农业保险参保自然地将在中西部地区得到更为积极的响应[①]，目前农业保险参保已经开始逐步纳入到了乡镇一级政府官员绩效考核体系中[②]。

但是据此理解农业保险参保的"区域分化"也许是片面的与存在争议的。因为一个可以观察到的事实是，政策性农业保险依然遵循着"低保费、补成本、正收益"的特征，即使灾后农业保险赔付不足以有效缓解农户收入与福利衰减，但政府补贴下的农业保险参保依然是一个典型的理性策略（Mishra，1996），如果农业保险参保的正收益是可预期的，那么就难以解释为什么东部地区农户缺乏参保意愿。因为收入结构的多元化并不能够改变农业保险参保在政府高额保费补贴下的"微支多收"属性。此外，诸多研究证实教育程度显著地影响农业保险参保决策（Velandia等，2009；聂荣和沈大娟，2017），因为教育程度的上升，往往意味着较强的风险分散预期、对农业保险价值的正确评估和更强烈的农业保险参保意愿。而我国东部地区的农村却显然有较高的平均受教育年限与人力资本积累水平（李海峥等，2018）。因此，在一个更为完整的行为决策框架下，将具有典型差异的区域性因素植入到农户参保行为分析中，才能够更好地理解农户参保率"区域分化"特征出现的真正原因，从而加深对农业保险产品与农户需求间契合度的理解，为我国农业保险产品体系与政策体系的优化提供帮助。

[①] 当前我国农业保险在保险公司与参保农户的协商对接上，依然采取经营大户"一户一议"及经营散户"一村一议"模式，考虑到东部地区一村一镇内农业经营产品与经营模式离散度较大，而西部地区相同区域种植结构相对统一，则在这种参保协商模式下，中东西部地区的参保规制约束力度差异将进一步放大。

[②] 农业保险纳入我国地方政府绩效考核体系的相关政策文件自2014年后密集出台，如安徽省《政策性农业保险绩效评价办法》、嘉兴市《政策性农业保险试点工作目标考核办法》、巴彦淖尔市《关于开展2017年度农业保险绩效考评的通知》等。

(2) 模型设计与变量选择

在我国农业保险农户参保率的影响因素模型构建上，本研究参考 Velandia 等 (2009)、Alireza (2013) 的研究，基于宏观数据的可得性，设定我国省际农业保险参保行为决策面板模型为：

$$aip_{it} = \alpha_0 + \alpha_1 inc_{it} + \gamma_1 agc_{it} + \eta_1 govp_{it} + \sum \beta_j x_{jit} + \varepsilon_{it} \quad (4-2)$$

式中，aip_{it} 为省际农业保险农户参保率；inc_{it} 为农户是否存在替代性收入渠道的收入结构多元化代理变量；agc_{it} 为省际农业种植结构；$govp_{it}$ 为各省份政府农业保险补贴强度；x_{jit} 为其余与农户参保率相关的控制变量。

在具体的变量测度与选择上，省际农户参保率 aip_{it} 使用本研究估算的各省份各年度农户参保率测算，其实际测算过程如下。

由于我国缺乏农业保险参保率的官方权威统计数据，因此本研究在数据可得性基础上，逐一统计各省份各年份农业保险参保户次、乡村人口及农村户均人口数①，进而计算农业保险参保率。其中各省份各年度农业保险参保户次的部分数据源自历年《中国保险年鉴》地方版中各省份对应年份保险市场概括中明确给出的数据（有部分省份仅为大田作物保险或农房保险覆盖农户数量），还有部分数据为百度搜索关键词后可在相关报道中查询得到的各省份对应年份农业保险惠及户数或参保户次数据。而对于缺失的参保户次，先使用各省份农业保险保费增长率（权重 0.25，数据源自历年《中国保险年鉴》）与赔付总额增长率（权重 0.75，数据源自历年《中国保险年鉴》）加权平均后，记为农业保险参保户次增长率，再使用后续年份参保户次数据倒推得到。而乡村人口数据直接源自历年《中国统计年鉴》，户均人口 2007—2012 年数据直接可由《中国统计年鉴》中各省份乡村户数与乡村人口折算得到，2012—2016 年不再统计乡村户数，因此本研究使用各省份 2007—2012 年户均人口数据逐省（区、市）推算 2013—2016 年户均人口，具体推算使用 ARMA 模型进行，滞后阶数根据 AIC 准则确定，此时使用各省份各年度乡村人口数与户均人口即可计算得到各省份年度农村总户数。再使用"参保户次/农村总

---

① 本研究在计算各省份各年度农户参保率时使用的是乡村人口数，而不是农业人口数，两者的区别在于乡村人口中包含乡村户籍的非劳动力人口，而农业人口则主要为劳动力人口。农业保险虽然本质上针对的是农业劳动力的农业经营活动，但我国农业保险的基本核算单位为户而非人，在统计时也仅统计参保户次而不统计参保人数，因此在核算参保率时，基于户而非人的核算口径才能够匹配农业保险参保户次数据，而在计算各省份农村家庭户数量时，由于家庭户一定是包括非劳动力人口的，因此使用乡村人口而非农业人口是更为合理的选择。

户数"即得到各省份历年农业保险参保率①,最终计算得到的省际年度农业保险参保率数据。

农户替代性收入渠道存在性的代理变量 inc_{it} 使用各省份农村居民家庭人均工资性纯收入测度②,在种植结构 agc_{it} 的测度上,由于缺乏细分农产品统计数据,参考刘蔚、孙蓉(2016)的研究,使用各省份年度粮棉油糖作物"播种面积/年度耕地面积"测算,其中粮棉油糖作物包括稻谷、玉米、小麦、高粱、大豆、棉花、油料和糖料作物。省际政府农业保险补贴强度 $govp_{it}$ 使用各省份中央与地方两级政府农业保险保费财政补贴总额占省份年度财政支出总额比重衡量。

在其他相关控制变量的选择上,参考彭可茂等(2012)、Alireza(2013)的研究,本研究引入了农业保险参保缴费负担、农业保险灾后赔付标准、政府农业保险规制强度3个控制变量。引入农业保险参保缴费负担与农业保险灾后赔付标准是因为我国农业保险的自缴费比例及赔付水平取决于地方政府保费补贴强度、参保产品类别与灾害发生概率,因而表现出较大的地区差异,如缴费最高的省份安徽2016年农业保险个人缴费达51.29元/亩,而最低的宁夏③则仅为13.67元/亩。在赔付标准上,2016年陕西农产品平均赔付标准达257.31元/亩,而河南仅为116.97元/亩。而模型中引入政府农业保险规制强度则是注意到我国农业保险参保具有典型的"半强制性"规制特征,由于较多的省份将农业保险农户参保率纳入政府工作绩效考核中,使得农业保险参保与"特色小镇""扶持产业"等政府扶持评选相挂钩,进而导致农业保险成为一种具有政府约束力的集体选择行为。在相关变量的测度上,农业保险参保缴费负担使用各省份"农业保险个人缴费总额/农业保险保费收入"衡量,农业保险灾后赔付标准则是使用中国人保、安华农业保险公司以及阳光农业互助保险公司3家最大的农业保险公

---

① 以"参保率=参保户次/农村户数"计算时,计算结果显示山东、海南、湖南三省的参保率计算结果大于1,原因是查询得到的数据为各省份农业保险参保户次,是保险业务发生的农户数合计,而非参保户数,当同一农户参加多个种类农业保险时,会造成参保户次统计大于参保农户数,最终造成参保率计算超过1,此时该参保率可称为粗参保率。本研究为控制参保户次与参保户数统计口径差异对区域农业保险农户参保率计算的影响,对粗参保率进行了以1为基的数据处理,具体处理过程为:对参保率大于1的省份进行 $y*=y/\max(y)$ 的处理。处理后,山东、海南、湖南三省参保率最大值可控制为1。当然,表中给出的数据处理后的农户参保率实际为相对参保率。

② 在程名望等(2014)的研究中,测度农户收入结构使用了工资性收入与劳动性收入的区分口径,但这种区分无法反映农户收入结构对农业风险分散的影响,而是更多地体现在其抗风险能力的变化上。

③ 宁夏回族自治区,全书简称宁夏。

司不同农产品类别的亩均赔付水平衡量，在政府农业保险规制强度的定量测度上，参考樊纲等（2003）的研究，使用2007—2016年各省份市场化指数来间接测算并具体化为衡量规制强弱的虚拟变量，具体测算过程为，计算全部省份每一年度市场化指数均值，当对应省份该年度市场化指数超过均值，则政府农业保险规制强度赋值为1，代表该省份为农业保险参保强约束，反之当市场化指数低于均值时，政府农业保险规制强度赋值为0，代表该省份为农业保险参保弱约束省份。

最后，本研究引入农村人口教育程度来衡量文化与观念对农业保险参保的影响，并使用农村人口平均受教育年限衡量。同时本研究还引入了城镇化率作为控制变量，原因是较高城镇化水平的省份农业种植结构往往呈现多元化特征，且城镇化水平较高导致城市近郊乡村数量的上升，此时非外出务工的农业人口非农就业概率明显增加，最终也会通过收入结构的变动反映在农业保险参保概率上。另外，城镇化推进所导致的消费升级对农业种植结构的优化也已为相关文献所证实（崔宇明等，2013），而粮棉油糖作物种植比重的下降与其他经济类作物种植比重的上升，在农业保险缺乏针对性产品的前提下，可能将弱化农户参保的热情。模型中具体的城镇化率变量使用"城镇人口总量/各省总人口"衡量。

本部分所涉及变量的定义及相关测度方法详见表4-5。

表4-5 模型变量测度方法

变量	测度方法
农户参保率	农业保险参保户次/农村总户数
农户替代性收入渠道存在性	农村家庭人均工资性纯收入
种植结构	粮棉油糖作物种植面积/总耕地面积
农业保险参保缴费负担	农业保险个人缴费总额/农业保险保费收入
农业保险政府补贴强度	中央及地方政府农业保险保费补贴支出/各省（区、市）财政支出总额
农业保险赔付标准	不同产品合计亩均赔付水平
政府农业保险规制强度	市场化指数是否超过该年度全部省（区、市）平均市场化指数（超过=1，未超过=0）
农村劳动力教育程度	农村人口平均受教育年限
城镇化率	城镇人口总量/各省（区、市）总人口

表4-6给出了实证研究所涉及数值型变量的描述性统计量。

表 4-6 数据描述性统计

变量	均值	标准差	中位数	最小值	最大值
农户参保率	0.614 8	0.065 2	0.425 1	0.301 2	0.785 6
农户替代性收入存在性	3 818.220 0	106.940 0	4 219.750 0	2 285.030 0	7 594.640 5
种植结构	0.296 1	0.011 2	0.310 9	0.114 5	0.678 4
农业保险参保缴费负担	0.241 5	0.000 9	0.292 1	0.190 8	0.310 6
政府农业保险保费补贴强度	0.056 4	0.001 3	0.055 6	0.013 4	0.076 1
农业保险赔付标准	95.346 7	7.920 3	109.273 4	71.339 2	135.384 5
农村劳动力教育程度	4.298 8	0.183 7	4.833 5	4.573 5	8.193 4
城镇化率	0.531 4	0.087 4	0.632 4	0.456 1	0.623 5

在省际样本的选择上，本研究选取了我国不含港澳台地区的 31 个省份，其中西藏自治区因数据缺失予以剔除，而北京、上海、天津、重庆因属于典型的城市经济体，其农业结构与一般省份间存在较大差异，因此将直辖市分离出区域群组，单独归并为城市经济体组，以考察城市经济特征下的农业保险参保规律性特征。最终的区域分组为：东部省份包括江苏、浙江、福建、广东、山东、安徽、海南、黑龙江、辽宁、吉林、河北，中部省份包括河南、湖北、湖南、江西、山西、内蒙古，而西部省份为陕西、宁夏、甘肃、四川、贵州、广西、云南、青海、新疆。城市经济体组为北京、上海、天津、重庆。

考虑到数据可得性，本研究样本期确定为 2008—2016 年。数据源自 2008—2017 年《中国统计年鉴》《中国农业年鉴》《中国保险年鉴》《中国农村住户调查年鉴》，以及《中国市场化指数：2017》。模型计算由 Stata12.0 软件完成。

（3）地区分化、农户参保意愿弱化的实证分析

在进行式（4-2）的参数估计时，一个明显的事实是，本研究引入的解释变量省际农业种植结构与农户参保行为间存在双向因果关系，即模型存在典型的内生解释变量问题。这种内生性来自：种植结构通过农业保险产品设计差异及赔付强度差异而影响农户参保意愿的同时，农业保险的存在也会通过影响农户农业生产行为传导到农户种植结构上（刘蔚和孙蓉，2016），其原因在于当政府的农业保险补贴较为集中于某一种农产品时，将形成一种政府同样有意愿

对该农产品给予较强灾后补偿的微观预期①，此时会激励农户出现政府导向下的决策冒险，从而增加该产品的农资投入（周稳海，2014）。考虑到工具变量的适用性原则，本研究引入被解释变量 aip_{it} 的滞后期变量 aip_{it-1} 作为工具变量，由此模型变为动态面板模型，为保证参数估计结果的一致性，本研究使用动态 GMM 方法完成参数估计。在具体的模型形式选择上，考虑到农业产品差异导致的技术异质性特征，本研究构建固定效应的变截距模型来分离不可测变量导致的异质性影响。同时模型中引入了 AR（1）项以控制残差时序相关。最终的估计结果详见表 4-7。

为了进一步描述农户参保决策的区域分化特征，本研究还将样本进行东部、中部、西部及城市经济体样本分组并分别估计，结果一并报告于表 4-7 中。

表 4-7 农户参保决策的动态面板估计结果

解释变量	全样本估计	东部样本	中部样本	西部样本	城市经济体
农户替代性收入存在性	—	—	−0.011 5** (−3.09)	−0.042 2*** (−3.76)	—
种植结构	0.021 3*** (4.46)	0.007 9* (2.06)	0.015 3** (3.89)	0.010 6*** (4.12)	—
农业保险参保缴费负担	—	−0.005 3*** (−3.55)	—	—	—
政府农业保险保费补贴强度	0.002 9* (2.02)	0.011 2*** (4.73)	—	—	0.037 5*** (3.87)
农业保险赔付标准	—	0.000 5** (2.66)	—	—	0.000 9*** (3.92)
政府农业保险规制强度	—	—	0.023 1*** (4.35)	0.034 1*** (2.96)	—
农村劳动力教育程度	−0.02 14*** (−2.96)	−0.000 3*** (−4.47)	−0.002 8*** (−3.15)	0.004 6*** (5.02)	−0.003 7*** (−2.99)
城镇化率	−0.013 3** (−2.16)	—	−0.017 1*** (−2.54)	−0.022 2*** (−4.79)	—
农户参保率滞后一期	—	0.009 2*** (5.37)	—	0.007 3*** (3.55)	0.014 1** (2.12)
$R^2 = 0.456\ 7$；$F = 91.365\ 5$；$Z = 7.412\ 0$					

注：① *** 表示在 1% 的水平上统计显著，** 表示在 5% 的水平上统计显著，* 表示在 10% 的水平上统计显著。

② — 代表对应解释变量不显著并在模型中予以剔除。

③ 由于变截距参数估计结果并不影响后续的分析，表中最终估计结果并未给出。

---

① 例如，在贵州锦屏县政府大力倡导下，河口乡改粮田为中药种植田。

根据表 4-7 中Ⅳ+DGMM 的动态面板参数估计结果①，我国农户农业保险参保的决策机制确实表现出典型的区域异质性，在不同群组样本中，农户替代性收入存在性、农业保险个人缴费负担以及政府保费补贴强度确实对参保意愿的影响存在显著差异。其中，以各省份农村人均工资性收入衡量的收入结构特征，即农户通过务工、经商等非农性渠道获取收入的能力，在中部与西部省份与农户参保率显著负相关，农户对农业经营收入的依赖刚性直接地影响着农业保险农户参保率，Carriker 等（1991）所提及的农户收入结构多元化对农业保险参保的挤出效应在本研究得到了证实，我国持续近 30 年的农村劳动力乡城迁移，特别是第二代农民工普遍持有的融入性迁移意愿，在优化与稳定了中西部地区农村家庭收入结构与增强农户抗农业风险能力的同时，确实在一定程度上弱化了农业保险参保所提供的灾后收入补偿的吸引力。同时也从侧面说明，当前我国农业生产主体——农户实际上除了外出务工获取非农性收入外，缺乏有效的农业风险管理手段来稳定农业产出与农业收入。外出务工即是增收驱动下的主动选择，但同时也是靠天吃饭的被动决策。

同时，根据表 4-7，中西部地区政府农业保险保费补贴强度与农业保险的赔付标准对农户参保率并不存在显著影响。考虑到中西部地区农户在平滑农业风险时，实际上存在农业保险参保与外出务工获取替代性收入两种风险补偿手段"非此即彼"的冲突性选择，这意味着中部与西部地区农户在决定是否参加农业保险时，实际缺乏对农业保险参保"正收益"特征的精准认识，故而表现出对农业保险补贴及赔付的弱敏感性，同时由于具有较高的风险偏好水平，中西部地区农户在农业保险参保决策上就表现出非理性的、缺乏预期风险意识与成本—收益衡量的盲目性决策特征。当然，我国农业保险中存在长期饱受诟病的较为烦琐的理赔程序、缺乏标准化且相对模糊的理赔标准及损失界定，也许同样在一定程度上弱化了农业保险的"正收益"属性，使得中西部地区农业保险实际上成为一种相对次要的、不得已的灾后补偿工具而被纳入中西部地区农户风险决策中。

此外，以市场化指数衡量的政府规制强度对中西部地区农业保险农户参保率具有显著的促进作用。这种基于政府引导而且具有隐性约束力的，以村、乡、镇为响应主体的集体性农业保险参保，确实成功地助推了我国农业保险在

---

① 为了验证模型内生解释变量的存在性，本研究还在不引入工具变量农户参保率滞后一期的情况下进行了静态面板估计，与Ⅳ+GMM 估计结果相较，种植结构对农户参保率的影响强度明显下降，且在中部样本与东部样本中均变得不显著，这进一步证实了农户参保决策模型中内生性问题的存在性，但由于篇幅所限，本书未将相关估计结果予以报告。

中西部地区向更广覆盖、更深层次的发展。这说明中西部地区较高的农户参保率实际是在较强的政府参保约束规制作用和替代性收入渠道相对匮乏两个因素共同作用下的结果，而政府通过加大保费补贴力度、增强灾后赔付标准来吸引农户参保实际是缺乏显性激励效应的。这当然地为中西部省份在政府可支配财力有限与农业保险补贴资金筹措困难的约束下进一步扩大农业保险覆盖率提供了可能。但一个可以预见的事实是，随着改革向深水区拓展及政府职能转变的具体化，随着市场化程度的逐步提升，农业保险参保的政府约束力度将不断下降，农户的个体微观因素将取代政府规制成为决定参保的关键变量，同时随着低端劳动力市场从东部向中西部的转移，中西部地区农村劳动力外出务工的机会成本与就业可得性成本将迅速下降，外部规制约束力的减弱与农户收入结构的多元化趋势，在中西部地区非理性的参保决策模式下，也许将进一步降低农业保险参保的吸引力，农业保险"扩容"在中西部地区也许将变得愈加困难。

再将考察对象转移到东部省份样本，根据模型估计结果，中西部地区决定农业保险参保的关键变量，如农户获取替代性收入的能力、政府隐性规制强度在东部省份不再显著影响农户参保，此时决定农户参保的决策力量主要源自政府农业保险补贴强度与农业保险赔付标准。也就是说东部地区农户参保决策是基于个人缴费支出水平、政府补贴强度以及基于灾害概率折算的预期风险补偿收入水平而进行的，从而表现为典型的"理性"决策特征。这种理性的出现可能源自较低的非农性收入获取成本、相对稳定的多元化的家庭收入结构，使得东部地区农户家庭基本完成了家庭收入结构优化，因而已经摆脱中西部地区农业风险管理"非此即彼"的冲突式选择困境，而是通过非农性收入的存在与稳定具备了基本的灾后福利维持能力，此时对农业保险参保的决策开始进入"是否值得"的风险补偿评估阶段，而非中西部地区"是否存在"的风险补偿选择。此时，基于保费—赔付的风险收益核算将成为东部地区农户参保的关键因素。因而政府保费补贴强度与灾后赔付标准就决定了农户参保的激励强度。这能够解释为何当前基于物料成本核算的"低保费、低赔付"的农业保险运营模式无法对东部地区农户形成有效的参保激励，也同时说明在较强的政府可支配财力支撑下，东部省份通过进一步加大政府补贴力度，进一步激励保险公司进行农业保险产品创新确实能够提升农户参保激励，从而进一步扩大参保农户覆盖率。

还值得注意的是，无论是全样本还是东部、中部、西部分组样本估计，以粮棉油糖作物播种面积占比衡量的农产品种植结构对农户参保率的影响都得到证实，基于农业保险"保障粮食安全"的基本政策目标，现行的农业保险政策体系表现出对粮棉油糖作物等主要农产品的倾斜,其政府补贴强度及参保的政府隐性约束力度都明显更强,而对粮棉油糖作物之外的水果、蔬菜、杂粮、烟叶、药材等种植作物,作为补贴主体的省级政府受限于财力限制,难以提升农业保险保费补贴覆盖面,同时现有的农业保险产品精算依然遵循"直接物化成本核算"的基本模式,从而导致对水果、蔬菜、杂粮、烟叶、药材等经济类作物的定损标准偏低、成本覆盖不完全,形成了事实上的农业保险市场产品设计与农户需求的脱节,导致农户"想保的不得保、能保的不愿保",出现参险意愿不足问题,最终导致粮棉油糖作物种植占比较高的省份,农户参保率也较高,种植结构决定参保意愿的现实。

再进一步分析以北京、上海、天津、重庆 4 个直辖市构成的城市经济体样本,从估计结果看,城市经济体农户参保率的决策机制与东部省份类似,农户参保的关键变量集中在政府保费补贴强度与灾后农业保险赔付标准的具体水平上,但与东部省份估计结果不同的是,农户保费负担与种植结构不再显著影响农业保险农户参保率。考虑到城市经济体周边农户粮棉油糖作物种植占比极低,更多地进行畜牧与渔业养殖,以及水果、蔬菜、林木种植,其新型农业经营行为存在农业投资大、农业风险相对复杂且分散化困难的特征,实际上天然地决定这些农户对风险平滑与农业保险具备更强烈的需求。从图 4-1 可知,城市经济体农户参保率在 2007 年开始虽然维持在一个相对高位。但自 2011 年后农户参保率始终维持在 52% 左右,甚至出现微弱下滑,这种趋势与东部、中部和西部农户参保率变化完全不同,这进一步说明当前相对僵化的农业保险产品体系,由于缺乏对城市经济体中新型农业的针对性产品创新,特别是当前所存在的成本覆盖不完全、非灾性损失不计赔等农业保险产品特征,难以提供城市经济体农户所需要的风险保障,从而严重损害了相关农户的参保积极性。基于"完全生产成本"的成本核算模式建立,"价格保险、收入保险、产值保险"等农业保险产品体系的丰富,以及综合性风险化解体系下农业保险保障强度的增加,才是提升市经济体农户农业保险参保、实现农业保险"扩面、增品、提标"的关键切入点。

最后,从相关控制变量对农户参保意愿的影响看,在所有样本组中农村人口受教育程度都显著影响农户参保率,但在西部地区教育程度与农业保险农户参保率表现为正相关,而在中部、东部地区与城市经济体中,教育程度与农业保险农户参保率负相关,一个可能的解释是,教育水平的上升对农户参保的激励可能存在某种阈值效应,当未达到该阈值水平时,教育年限的增加,将强化农户对农业保险的风险补偿功能与我国农业保险"正收益"特征的理解,从而形成"参加农业保险是理性决策"的理解,这可以用以解释西部地区教育与参保意愿间的正相关,而中部、东部地区与城市经济体由于较高的人均受教育年限,使得教育程度超过触发阈值,此时受教育年限的持续增加会导致人力资本竞争力的进一步增强,将大大增加农户通过务工、经商获取更高收入的可能。此外,教育年限的增加使得经营者能够进一步拓展风险对冲渠道,如通过长期合同、预期合同锁定价格风险等,此时农业保险的风险补偿效应被进一步弱化,成为一种相对次要的、可有可无的选择性风险手段,使得教育对农业保险农户参保率产生了负向激励效应。另外,城镇化率对农户参保意愿的影响仅仅在中西部样本中存在,这也是因为只有中西部地区替代性收入渠道的存在才显著影响农户参保。而更高的城镇化率总是意味着更多的工作机会、更低的迁移成本以及相对高的非农性收入稳定性(李富强和王立勇,2014)①。

概括来说,在一个宏观数据维度下,通过构建包含区域异质性的农户农业保险参保决策方程,在有效控制模型内生性的基础上,实证检验了农户替代性收入渠道存在性、种植结构对农户农业保险农户参保率的影响,并将之用以解释我国农业保险农户参保率的区域分化特征。结果表明,种植结构、替代性收入渠道的存在,以及不同区域农业保险的政府隐性规制力度的差异确实能够充分解释我国东部、中部、西部地区的农业保险农户参保率异质性特征。

具体来说,中部、西部地区农户较高的参保率,实际是种植结构中粮棉油糖作物占比较高、参保的政府隐性规制约束力度较强及替代性收入渠道匮乏共同作用的结果。但这种高农户参保率更多的属于一种"被动的""非理性"的选择。农业保险参保的"正收益"属性、较高的政府补贴强度并不能够对中西部地区农户形成参保激励。

而对东部地区及城市经济体周边农户而言,由于农户替代性收入可获性高,且具有较低的政府参保约束强度,同时种植结构中粮棉油糖作物占比较低,因此农户的参保激励主要来自农业保险参保的风险收益水平,保费的高低、政府补贴比例、灾后赔付水平成为参保决策的关键变量。在这一理解下,我国"低保费、低赔付、低收益"的农业保险产品体系,由于无法对接农户的风险保障需求,从而导致了东部地区与城市经济体农业保险农户参保率

---

① 严格来说,城镇化对农户参保意愿的影响存在多种影响机制,不显著的结论可能是多种机制交互作用的结果。具体的影响路径主要包括两个:一是收入结构效应,即城镇化的加速使得农村劳动力获得非农收入的时间与地理成本显著降低,因而导致农户家庭收入结构的变动并降低参保意愿;二是城镇化通过影响农户的新知识获取能力以及高效率技术的采用,能够增强农户的风险管理意识与参保意愿。

偏低。

将其纳入我国农业保险"增品、扩容、提标"的政策目标框架中，中西部地区农户参保的"非理性"与东部地区农户的"理性"决策特征，实际上给出了不同的提升农业保险农户参保率的政策路径，具体如下。

对中西部地区而言，加大政府补贴力度与赔付强度以提升农业保险参保激励的努力也许是低效的，同时城镇化的持续推进、产业向中西部转移的加剧，将会有效促进中西部地区农村劳动力非农性收入的上升，政府隐性规制约束力度的下降也是可预期的，中西部地区农户参保率也许将很难继续维持在高位。为了实现农业保险的"扩面"，未来中西部地区农业保险推进在继续依托于政府鼓励所形成的规制约束力同时，进一步简化农业保险赔付手续、推行规范化的定损标准与程序、强化农业保险参保的收益教育，将是突出农业保险的"正收益"特征，形成有效参保激励的现实策略。

而对东部地区与城市经济体而言，理性的参保决策模式实际上证实了我国现行的农业保险缺乏对新型农业经营户以及收入结构多元化农户家庭的吸引。在较强的政府可支配财力支撑下，加快基于"完全生产成本"核算的针对性农业保险产品体系的设计及政府在新型农业中的农业保险补贴强度以实现农业保险"提标"，能够显著增强农业保险参保的收益激励。同时，加快农业保险的"增品"实践，鼓励保险公司展开针对水果与蔬菜种植、禽类与海产品养殖等"价格保险、收入保险"创新，提升农业保险产品的风险保障力度，强化农业保险产品与农户经营需求的契合度，才是实现农业保险"扩面"的根本路径。

4.3 小　结

本部分在"农户参保意愿不足"是弱博弈均衡典型特征的认识基础上，在一个宏观数据维度下，构建了农户参保意愿的影响因素模型，结果表明，农户风险感知水平、政府保费补贴强度、农村劳动力受教育程度、农户收入结构及以外出务工衡量的替代性收入渠道的存在都显著地影响农户参保意愿。而农业保险灾后赔付标准与补偿强度，并不能够显著影响参保概率，这意味着我国普遍性存在的农业保险保障强度低的现实，并不能够完全解释农户参保意愿的高低，最终农业保险的农户覆盖水平实际上取决于政府强制性的参保约束力度、农户风险管理意识以及收入结构特征。

在此基础上，本部分考虑到农户参保意愿不足与农户参保惰性在定量测度上的困难，在用统计分析工具证实了我国农业保险参保地区分化特征与地区异质性的基础上，从农业保险参保率的地区分化视角，基于干预—控制的反事实框架，构建了弱博弈均衡中农户参保意愿不足的解释模型，并从替代性收入渠道、种植结构等因素视角对弱博弈均衡提供了解释。结果表明，种植结构、替代性收入渠道的存在以及不同区域农业保险政府隐性规制力度的差异，确实能够充分的解释我国东部、中部、西部地区的农业保险农户参保率异质性特征。中部、西部地区较高的农业保险参保率，实际是种植结构中粮棉油糖作物占比较高、参保的政府隐性规制约束力度较强及替代性收入渠道匮乏共同作用的结果。但这种高农户参保率更多的属于一种被动的、非理性的选择。农业保险参保的"正收益"属性、较高的政府补贴强度并不能够对中西部地区农户形成参保激励。

对东部地区及城市经济体周边农户而言，由于农户替代性收入可获性高，且具有较低的政府参保约束强度，同时种植结构中粮棉油糖作物占比较低，因此农户的参保激励主要来自农业保险参保的风险收益水平，保费的高低、政府补贴比例、灾后赔付水平成为参保决策的关键变量。在这一理解下，我国"低保费、低赔付、低收益"的农业保险产品体系，由于无法对接农户的风险保障需求，从而导致了东部地区与城市经济体农户偏低的农业保险农户参保率。

5 基于保险公司视角的农业保险市场弱博弈均衡成因分析

本部分尝试对农业保险市场中保险公司主体的弱态特征进行分析,并从系统性风险、供给激励、经营成本控制等视角对保险公司弱态——农业保险产品供给意愿不强的形成进行解释。由于农业保险业务较低的经营效率导致的农业保险产品有效供给不足、农业风险保障水平不够,从而带来农业保险产品供给的结构与需求结构的错配,进而解释了保险公司主体的农业保险经营惰性,在供给层面为政策性农业保险的弱博弈均衡提供了实证依据。同时从效率视角在实证框架下论证农业保险经营低效率的现实,并在一个 DEA 两步法的实证框架中分析影响与决定保险公司农业保险经营效率的真实作用机制,从而为后续内容探寻破解农业保险弱博弈均衡的政策路径提供实证依据。

5.1 保险公司产品供给意愿不强的成因分析

农业保险市场失灵的存在,使得政府通过补贴的方式介入农业保险市场成为必然,从而通过保费补贴进行农户参保激励,同时也一定程度上降低保险公司因为农户保费支付能力偏弱导致的"低保费收入、高保障需求"的经营困境,从而使得保险公司经营农业保险成为可能。

但是,自 2007 年我国启动了政策性农业保险补贴政策,对农业保险保费给予了高额补贴,也一定程度上刺激了我国农业保险市场规模的不断扩大,但我国农业保险市场中依然存在着典型的"弱博弈均衡"特征,表现在保险公司主体上,就是保险公司缺乏进一步提高农业保险供给深度的意愿,也不愿意针对农户风险保障需求进行农业保险产品创新以进一步刺激农业保险需求,从而表现出显著的"低端维持"特征(许梦博等,2016),使得农户在一些农产品特别是新型农业经营中存在"能保的不愿保、想保的不得保",从而制约了我国农业保险向更深层次、更广范围的拓展。

为何在政府通过高额保费补贴强势介入农业保险市场后，农业保险市场的"弱博弈均衡"与"供需双冷"依然长期维持？究竟是何种原因导致了保险公司缺乏农业保险产品供给与创新意愿？以下分别从系统性风险、激励效应、经营成本控制等几个视角加以解释。

5.1.1 系统性风险分散手段效应不足

农业风险的主体是大灾风险（Sirr 和 Andrews，1994；胡祁和王文倩，2017），即由地理与气候条件决定的自然灾害风险，而自然灾害的风险具有突发与不可观测性及受灾范围大的特征，这使得大灾风险一旦发生往往覆盖了一个地区的所有农作物，使得农业保险的承保农产品与投保农户间表现出较强的风险相关性，从而造成农业风险具备典型的系统性风险特征。

特别是这种系统性风险是难以通过有效的技术手段进行事前预防与减赔控制的，这就造成农业保险经营主体存在巨大的不确定性超额赔付风险。如2016年福建省农业保险简单赔付率为186%，深圳市与北海市简单赔付率甚至达到410%与375%（庹国柱，2017）。因此是否能够通过有效的手段进行系统性风险的分散化处理，一定程度上决定着保险公司经营农业保险的意愿与能力。

从农业保险的实践看，目前较为有效的系统性风险分散手段主要包括再保险[①]以及风险准备金（风险基金）[②]，通过为承保的保险公司增加资金保障，减轻保险公司超赔的风险压力。我国虽然自2014年成立了中国农业保险再保险共同体，承保成员公司的农业保险再保业务，同时自2015年开始湖南、山东、陕西等省份也相继建设了农业保险大灾风险基金，但目前我国农业保险市场上再保险与风险基金对大灾风险的分散能力明显不足，从而无法有效降低频繁发生的农业灾害对保险公司经营的冲击，进而使得保险公司存在缩减农业保险规模以化解不确定性大灾风险的逆向选择行为，降低了保险公司扩大农业保险产品供给的意愿。

我国再保险与风险基金对大灾风险分散能力不足主要表现在，我国再保险承保主体为再保险共同体，其由国内32家具有农业保险经营资质的原保险公司和再保险公司共同发起[③]，风险承保能力达3 600亿元（孙蓉等，2017），

[①] 再保险是通过农业保险业务的资产化，实现风险向政府或其他保险市场的分散与转移，从而形成多主体共担的风险管理模式。

[②] 风险基金则是通过留存保险收益或政府资金注入形成大灾风险赔付资金池，以便在发生超额赔付时为保险公司提供必要的资金支持。

[③] 2014年再保险共同体发起公司共24家，此后至2017年增加到32家保险公司。

2015年、2016年与2017年再保险业务规模分别为17.21亿元、34.69亿元与53.87亿元，呈现出快速增加趋势，但是我国再保险赔付占农业保险总赔付额的比重依然较低，2015—2017年分别仅为19.51%、21.26%和23.67%，远低于日本、美国等成熟市场国家的再保险份额，说明再保险业务尚未成为我国农业保险市场中系统性大灾风险的主要风险分散模式，同时我国再保险业务也缺乏政府资金注入，从而限制了再保险的大灾风险分散能力。

同时，截至2017年，我国虽已有19个省市建立了农业保险风险基金，合计提取大灾风险准备金76.29亿元，但由于区域性风险基金主要资金源自政府财政与保险公司计提，因此风险金从规模看远远偏低，难以应对连续的大灾风险赔付，如湖南2012—2016年累计计提风险准备金6.72亿元，但2016年湖南局部地区大旱将累计的风险准备金一次性使用掉89%（庹国柱，2017），2017年湖南的农业保险超赔后，风险基金提供的赔付仅仅占赔付额的6.26%，难以达到风险分散的基本要求，同时由于风险基金主要源自区域农业保险公司，而农业保险公司业务差异性较弱，使得大灾出现时，所有保险公司均面临超赔风险，此时风险基金就丧失了大灾风险在不同保险公司间的分散功能，成为一种年度计提留存准备金手段，降低了风险基金的风险分散能力。

5.1.2 低利润率与响应红利摊薄减弱了经营激励

虽然政府介入与保费补贴的存在，可以在一定程度上降低农户参保成本，使得农业保险能够以一种"低参保费率、适度风险保障"的模式存在，从而实现稳定农业生产与增进农户福利的政策目标。但是，由于农业生产风险的复杂性与多样性，特别是由于系统性风险冲击，加上风险单位高度相关，使得保险公司经营农业保险产品普遍处于低利润回报的模式，农业保险赔付率明显高于其他险种，农业保险赔付变异系数甚至是其他保险产品的数倍（郭颂平和张伟，2009）。

Miranda和Glauher（2012）使用H-S统计模型计算了美国10家最大的综合性保险公司的赔款支出变异系数，结论表明一般保险人的加权赔款支出变异系数介于7.5%~9.2%，而农业保险人的加权赔款支出变异系数处于71.29%~77.53%区间内，意味着农业保险的系统性风险明显高于其他险种，这造成了农业保险的高赔付率。何光剑等（2017）也认为，农业保险的综合赔付率是其他非农业财险险种的1~2倍，农业保险存在"弱利润回报"特征。实际上，由表5-1可知，2007—2016年，我国农业保险简单赔付率2007—2016年平均为64.21%，远远高于其他财产保险险种，加上农业保险的平均综

表 5-1 2007—2016 财产保险各险种简单赔付率比较[①]

（单位：%）

年份	农业保险	企业财产保险	家庭财产保险	机动车辆保险	责任保险	工程保险	货物运输保险	船舶保险	信用保险	保证保险	特殊风险保险	短期健康保险	意外伤害保险
2007	62.53	52.42	44.14	53.13	40.20	31.11	29.39	38.28	41.11	14.04	50.00	6.36	21.92
2008	67.11	45.65	41.01	48.38	47.57	35.33	32.93	30.50	42.02	14.65	43.23	7.47	20.71
2009	78.58	48.28	42.52	42.02	45.25	39.09	37.47	42.02	46.97	15.25	46.97	9.60	19.29
2010	69.10	51.61	43.94	56.36	43.83	35.05	33.73	39.19	48.18	14.95	49.19	8.38	18.69
2011	57.67	49.89	39.79	51.71	42.22	33.94	32.72	40.60	49.79	11.31	42.22	9.29	17.37
2012	62.92	46.16	39.19	53.93	42.72	29.69	30.20	42.12	45.65	16.56	44.04	8.48	18.79
2013	62.52	42.02	40.50	49.39	48.38	41.51	28.89	38.89	52.12	13.64	40.10	5.15	21.11
2014	68.28	48.38	35.75	47.57	42.93	39.29	34.04	39.79	45.65	14.75	56.96	7.27	22.73
2015	72.85	52.72	38.99	50.60	42.02	37.88	32.83	41.01	40.00	9.80	55.75	6.97	21.51
2016	77.94	52.15	41.92	46.06	40.10	41.71	31.61	31.51	48.38	15.55	48.28	8.48	19.80

数据来源：根据中国银行保险监督管理委员会网站公布的保险统计数据报告整理。

---

① 表 5-1 在计算简单赔付率时，未统计未决赔款数额，同时在核算保费收入与赔付支出时，未计算 2007 年没有开展农业保险业务的公司，最终数据包含 17 家保险公司。

合费用率20%（庹国柱等，2017）①，再考虑再保险摊回等因素，虽然农业保险经营尚未出现"亏本经营"，但经营利润率低于其他险种已经是一个不争的事实。

此外，农业保险赔付率与大灾发生高度相关。根据李岩等（2015）、庹国柱等（2017）的测算，我国农业保险经营还能够保持"微利"（赔付率+经营费用率<1）的原因是大灾发生处于低概率区间。根据表5-1，农业保险简单赔付率最高为2009年的78.58%，尚未出现"赔穿"风险，但2015年后，我国农业保险赔付率明显增加，虽然总量数据上赔付率尚可接受，但部分省份已经频繁出现超赔，如2016年11个省份出现超赔，其中福建农业保险赔付率达186.6%、陕西赔付率达153.7%，农业保险的超赔风险不断显现，这可能造成部分农业保险经营公司出现收缩业务规模的逆向选择，从而进一步降低农业保险经营意愿。

当然，严格来说，较低的经营利润率与较高的赔付率并不一定意味着保险公司缺乏经营农业保险与扩大产品供给的意愿。原因是农业保险具有正外部性特征，因而被纳入政府职能框架中，此时，经营农业保险虽然相对其他险种有较低回报，但经营行为将表现为对政府政策导向的迎合，特别是考虑到我国地方政府有限的财政支配能力使得对农业保险市场普遍存在"以险养险"的市场化思路，则这种逆回报经营和对政府政策的积极响应，无疑将使得保险公司获得一定程度的"政治红利"（张军等，2011）。如倾斜性信贷与更低的融资成本、经营土地的可得性与低价、保险公司管理者的晋升等。此时农业保险将存在较强的经营激励。这可以一定程度上解释我国2007年启动政策性农业保险后，为何农业保险市场规模迅速扩大。

但是，随着农业保险的逐步深化，农业规模的增长将更多地依赖于增量而非存量，此时扩大农业保险规模将不得不通过产品创新（如推出新的农业保险产品）和承保细化（针对农户的差异化需求）的方式而实现，这通常会导致保险公司农业保险经营边际成本的迅速增加，同时农业保险经营公司的增多与市场竞争的加剧，将使可获得的政治红利一定程度被摊薄，保险公司逆回报经营的激励将明显减弱。因此在农业保险业务边际成本持续增加、政治红利日益减少的现实环境下，保险公司在较低的利润回报约束中，会降低农业保险经营意愿，至少缺乏进一步提升农业保险规模的意愿。

---

① 根据庹国柱等（2017）的测算，我国农业保险经营综合费用率大致在15%~25%波动，2015—2017年保险费用率分别为19%、21%和24%。

5.1.3 农业保险的增量用户边际成本较高

2017年，我国农业保险经营公司已经有37家，其中综合性财产保险公司29家，专业性农业保险公司8家，农户参保户次已达2.13亿户次，其中5 388.3万户农户通过参保获得了风险补偿。应该说，我国农业保险从覆盖度衡量，已经基本覆盖了主要的农业经营主体。

也就是说，随着农业保险市场规模的不断扩大与覆盖广度的加深，在我国农业保险的存量效应已经基本释放完毕[①]。当参保的收益与参保理念为所有农户所熟知后，农业保险的低成本扩张阶段将完成。此时，再向村镇派驻更多的农业保险业务员、简化理赔程序、提升理赔服务能力等手段已经不能够保证农业保险业务迅速扩张，而只能通过"用户精细化向散户覆盖""创新产品以挖掘新的参保需求"等增量手段加以实现。

从参保农户扩张维度看，以前我国农业保险的参保—承保对接主要以村集体—保险公司的方式进行，即一村一议，只有当农业经营主体为"大户"时，才采取一单一议模式。这种方式一方面能够有效降低业务开展的人力成本，同时能够借助于农业保险参保的隐性约束与农户盲从及集体选择特征保证业务效率，从而便于进行农业保险的低成本覆盖。但是，当以村为单位的业务对接全部完成，大户已经应保尽保，再拓展业务规模就只能细分用户，或者将农业保险业务向大量经营规模小、经营稳定性差、参保意愿不强的散户覆盖，或者创新农业保险产品以适应新型农业经营主体的需要。此时，农业保险的业务对接将不得不采取一户一议模式，这将大大增加保险公司的经营成本与边际成本，如不得不增加基层保险业务人员、向更偏远村落拓展业务的差旅成本、为增强参保激励而降低保费或承诺更高的风险保障等。实际上，庹国柱（2017）、方俐伶和徐锦晋（2018）的研究都证实，随着农业保险规模的不断扩大，农业保险公司经营费用率存在一个上升趋势[②]，并认为其主要源自边际成本的增加而导致，考虑到其对保险公司成本的冲击，这必然将增强保险公司的农业保险经营惰性，表现为安于维持农业保险的弱博弈均衡。

---

① 农业保险的存量效应主要是指，在农业保险发展初期，参保对象主要集中在存量农户，即单一农业保险产品仅仅需要通过农户参保数量的增加就可以实现市场规模的扩大，而这种规模扩张往往是低成本的，因为农业保险具有典型的示范性效应，农户会通过观察与模仿完成参保决策。此时增加用户与增加业务将是一种低成本扩张模式。

② 我国缺乏细分保险产品的经营成本数据，庹国柱（2017）、方俐伶和徐锦晋（2018）的研究也未明确说明农业保险经营费用率的详细计算口径与计算过程，因此本书仅进行了文献引用，未进行保险费用率计算与趋势分析。

从产品扩张维度看，保险公司必须通过产品创新进行差异化经营，以刺激新的农业保险参保需求的形成，扩大业务规模，同时形成较强的市场竞争力。实际上，考虑到我国当前农业保险产品体系已经基本覆盖了稻谷、玉米、糖料、油料等主要种植业产品，以及种猪、奶牛等畜牧业产品，因此产品创新将集中于针对新型农业，如水产品养殖、水果及蔬菜种植、林苗种植等。但是受制于农业保险较为典型的道德风险及成本控制瓶颈，保险公司产品创新可能将面临极高的边际成本与运营费用率，从而使得保险公司难于也不愿意进行产品创新。

农业保险产品创新第一个难以突破的瓶颈在于成本控制（黄亚林，2017）。从农业保险的属性上讲，其成本主要可以分解为设计成本、展业成本与理赔成本（郭颂平和张伟，2009）。由于农业生产本身的异质性特征及技术复杂性，在设计农业保险产品时需要对风险进行划分，即根据保险标的在不同生长阶段的损失情况，将所面临的风险划分为若干不同类型，并据此厘定保险费率。但保险公司在面对新型农业产品如海水养殖产品、中药、水果等，存在较强的信息不对称，缺乏对相关灾害的准确认识，也就无法进行精准定损与风险厘定。此时保险公司具有降低风险保障强度以控制经营成本的意愿，但新型农业相对传统农业而言，又存在资本投入大、风险类型复杂且不可控因素较多的特征，此时农户往往需要较高的风险保障强度，因此产品设计难以对接农户需求。从而，针对新型农业的农业保险产品创新将产生较高的产品设计成本。但是，由于新型农业并不完全受制于土壤环境与气候条件，可能一个乡村仅有一家或几家农户开展相似农业生产，此时农业保险业务对接将不得不采取一户一议，进而显著增加保险公司的展业成本。至少从目前看，完全依赖保险公司进行农业保险产品创新，是缺乏有效的手段突破成本控制瓶颈的。

农业保险产品创新第二个难以突破的瓶颈在于对精算技术的更高要求。由于新型农业技术的复杂度进一步上升，保险公司与农户间的信息不对称程度将进一步增强，保险公司实际上缺乏有效的手段对农户进行成本核算与定损，对相关产品也难以准确进行风险识别与保险精算。从而农户道德风险的概率将明显增加，即虚报成本或虚增损失的发生概率都存在上升的可能，同时由于新型农业经营缺乏户户、村村间的一致性，这使得参保用户间的监督效力也随之下降，且新型农业经营主体往往经济实力较强，具有与村集体进行合谋的能力，这将使得依托行政力量进行道德风险监管也是失效的。此时保险公司针对新型农业的保险产品将存在较高的机会成本与道德风险损失。对此保险公司的应对策略可分为"低保障"与"高保费"，即降低风险赔付强度或者增加参保费率。但"低保障"模式难以满足农户风险需求，此时农户可能将使用多元化的替代性风险分散模式化解经营风险，从而无法对农户形成足够的参保激励，而"高保费"模式一方面形成了较强的参保负担，存在用户挤出效应，另一方面可能将面临地方政府的管制，即地方政府为保障政策性农业保险的正收益特征，会有意识压低保险公司保费水平，或者是削减保费补贴额。这会导致保险公司成本费率的上升与经营风险的积累，最终使得保险公司表现出创新惰性，满足于现有的农业保险产品体系，而缺乏进一步创新的意愿与能力。

综上所述，正是因为当前我国农业保险经营中，保险公司的系统性风险分散能力不足，政治红利的摊薄与经营利润率较低，加上农业保险市场规模增长将集中于增量效应从而面临较高的增量成本，使得保险公司缺乏增加农业保险资源投入、进行创新以开拓市场的意愿与能力，最终与农户参保意愿不足共同构成了农业保险弱博弈均衡的僵局。

5.2 保险公司经营效率分析：经营目标导向的检验

5.2.1 农业保险经营的效率约束与弱博弈均衡的关系

Chen 和 Wei（2016）使用三阶段 DEA 比较了中资机构、综合性农业保险机构与专业性农业保险经营机构的运营效率，结果表明，农业保险经营普遍存在较低的经营效率，且农业保险经营的规模效率也处于较低水平，这意味着农业保险公司具有通过效率改善强化经营能力，从而增强产品供给的内生化激励路径。

应该说，本研究分析的重点在于解释保险公司经营农业保险业务的惰性及产品供给意愿的不足。这一弱态特征是普遍且一致地表现在所有农业保险经营公司中，且与其效率水平与效率实现过程相关。

在保险公司异质性特质下，效率分析却能够为我们提供一种考察保险公司经营农业保险意愿的侧面思路。因为中国农业保险市场上，除了中国人民财产保险股份有限公司（简称人保财险）、中国太平洋财产保险股份有限公司（以下简称太保财险）等综合性保险公司外，还存在 5 家专业性农业保险公司[1]。

---

[1] 阳光农业互助保险公司（以下简称阳光农险）、中航安盟财产保险有限公司（以下简称中航安盟）、国元农业保险股份有限公司（以下简称国元农险）、安华农业保险股份有限公司（以下简称安华农险）、安信农业保险股份有限公司（以下简称安信农险），其仅仅开展农业保险业务，且 2016 年度保费收入已经占全部农业保险保费收入的 25.71%，成为我国农业保险经营的重要组成部分。

而对专业性农业保险公司而言，由于缺乏通过其他险种分散经营压力，再加上农业保险较高的赔付概率，因此若其也存在农业保险利润率过低、缺乏风险分散手段而导致的经营惰性，则就难以解释其农业保险市场份额逐步扩大且维持了盈利经营的现实。

换言之，我国保险公司的农业保险经营惰性，究竟是由于低效率制约了其获利，还是由于存在较高利润回报的险种经营选择从而表现为对农业保险业务的挤出？专业性农业保险公司是不是因为较高的经营效率得以生存从而存在农业保险利润激励的内在路径？更进一步，考虑到专业性农业保险公司有更强的差异化经营以稳定市场份额的意愿，其在价格指数保险、产量保险以及期货+农业保险的保险创新上也更为踊跃与积极。因此通过比较不同农业保险公司的效率水平，一定程度上有助于我们厘清农业保险创新是否可行以及农业保险创新是否能够实现效率改善。这至少能够帮助我们回答一个关键性问题：农业保险产品创新的惰性，究竟是创新的不可行还是不愿创新而导致[①]。

由此，本研究将从保险公司的个体维度借助恰当的效率评价工具进行农业保险经营公司的效率分解与比较，从而对上述问题的分析提供证据。

5.2.2 保险公司农业保险经营效率的测度方案

在保险公司农业保险经营效率的测度上，现有研究基本遵循了两种技术框架：一是以 Wang 等（2003）、Hell（2011）为代表的基于 SFA 框架的测度，其优点在于通过成本份额分解能够给出保险公司农业保险经营要素配置的微观特征，同时便于考察政府补贴强度变化对保险公司经营效率的影响[②]，但缺点是对数据要求较高，需要准确核算保险公司的运营资本存量与投入要素价格。二是以 Charnes 等（1978）、Coelli 等（1998）为代表的研究，主要使用数据包络模型（DEA）进行测算，该方法回避了对生产函数形式强设定的约束，也无须将保险运营的投入要素进行货币转换，但测度出的效率属于前沿面效率值，因而在时序维度上缺乏可比性，同时存在径向与非径向松弛性问题，可能影响效率测度的准确性。

---

① 如果专业性农业保险公司具有更高的效率且实现了盈利经营，则意味着创新是存在现实可能的，也不会由于边际成本的增加导致保险公司退出市场，此时理解中国保险公司农业保险创新惰性的关键，将集中在由于其他险种较强的盈利能力，形成了对农业保险的资源挤出与经营意愿替代。

② 因为 SFA 模型中，可以分离出产出函数与成本函数，此时可以将政府补贴视为一种外生成本扭曲导入，从而测度成本补贴对保险公司经营效率的影响，而由于 DEA 模型中投入段要素同质化设定，这一分析是难以进行的。

具体到中国保险公司的农业保险效率评价，基于数据可得性限制，相关文献统一在 DEA 框架下进行保险公司农业保险经营效率分解与测算。如姚树洁（2005）使用了中国 22 家保险公司 1999—2002 年的数据，进行效率分数评估。黄薇（2009）引入外生因素（环境等）到我国保险业效率研究的框架中，通过构建三阶段 DEA 模型对保险公司的经营效率[①]进行测算。卜振兴（2014）构建超效率 DEA-PCA 模型研究我国农业保险经营效率。孙蓉和奉唐文（2016）则使用 SBM 模型测度了 14 家保险公司农业保险经营效率。诸多研究显示，在现阶段在我国农业保险经营公司经营规模越大，营业费用率越低，农业保险收入在公司总保费收入中占比越高，越有助于公司提升农业保险经营效率。

应该说，上述研究特别是针对农业保险经营公司的效率评价研究已经进行得相当深入，也得出了诸多有价值的结论，但是上述研究中一个始终未解决的问题是，如何处理保费收入与赔付支出间的关系。因为从福利效应视角看，保费收入水平的提升与赔付支出的减少能够增加保险公司经营利润，但赔付支出的增加却具有突出的正外部性，能够增进参保农户福利，但同时降低农业保险公司盈利。这种相悖性关系被 Chung 等（1997）称之为经营与社会责任间的冲突，并采用经营效率与社会效率进行了区分。但是如果在 DEA 模型中仅仅考虑保费收入而忽略赔付支出，则会掩盖农业保险较高的赔付变异系数与赔付率特征，从而高估效率水平，而如果考虑赔付支出，则会形成冲突性产出导致效率衡量的失真。实际上，孙蓉和奉唐文（2016）的研究就是同时将保费收入与赔付支出列为产出，这显然是与保险公司盈利性目标存在冲突的。

由此，考虑到对保险公司社会责任与经营效率的区分，本研究借鉴 Chung 等（1997）提出的包含非期望产出的 DEA 模型框架，首先确定效率衡量的重点在保险公司经营效率，其次将农业保险赔付支出视为保险公司的一种保险合约确立后不可避免的非期望产出，即假定保险公司在农业保险经营上存在"多收少赔"的完全盈利性目标[②]，进而使用双向 DEA 模型测度保险公司经营效率，并通过对公司经营效率的差异化分析回答前述问题。

[①] 技术效率、纯技术效率及规模效率。
[②] 严格来说，保险公司农业保险实际赔付支出相对外生于保险公司经营，完全依赖于风险概率与承保规模，但考虑到农业保险存在多种细分业务种类，保险公司可以扩大低赔付概率险种承保规模、缩减高赔付概率险种规模，又或者缩减灾害发生频率较高地区农业保险承保规模从而实现"少赔"。

5.2.3 包含非期望产出的 DEA 模型简介

数据包络分析法首先由 Farrell（1957）提出，此后 Chung 等（1997）、Martin 和 Lawrence（2002）进一步将厂商非期望产出引入 DEA 投入产出分析，基于期望产出与非期望产出的双重前沿面，使用加权距离衡量思路实现了期望产出最大化、非期望产出最小化的双前沿约束效率测度，其具体的效率分解思路如下。

假定经济系统中存在 n 个决策单元 DMU_1，DMU_2，…，DMU_n，决策单元间生产彼此独立，共同构成一个效率评价系统。根据 Chung 等（1997）和 Fare（2007）对双向产出技术集的定义，假设决策单元使用 N 种投入要素 $x = (x_1, \cdots, x_n)$，$x \in R_N^+$，生产出 M 种期望产出 $y = (y_1, \cdots, y_m)$，$x \in R_M^+$，和 I 种非期望产出 $z = (z_1, \cdots, z_i)$，$z \in R_I^+$。生产可能集满足 3 个公理条件①，假设在每个时期为 $t = (1, \cdots, T)$，第 $k = (1, \cdots, K)$ 个决策单元的投入产出为 (x_k^t, y_k^t, z_k^t)。根据 Fare 等（1994），在强可处置性约束下建立非期望产出方向距离函数模型，以评价 DMU_k 为例。

$$\max \beta$$
$$s.t.\ X\lambda + \beta g_x \leq x_k$$
$$Y\lambda + \beta g_y \leq y_k$$
$$Z\lambda + \beta g_z \leq z_k \tag{5-1}$$

式中，$g_x \geq 0$，$g_y \geq 0$，$g_z \leq 0$，$\lambda \geq 0$。

生产可能性集为：

$$S = \{(x, y) \mid x \geq X\lambda,\ y \leq Y\lambda,\ z \geq Z\lambda\} \tag{5-2}$$

式中，λ 为密度向量，表示每个横截面观测值的权重。$g = g(g_y, -g_z)$ 为产出扩张的方向向量，选择 $g = g(y, -z)$ 为方向向量。β 为距离函数值，描述在产出水平上，按照 $g = g(g_y, -g_z)$ 方向运动到生产前沿面时，期望产出的提高和非期望产出同比例降低的最大倍数。β 值越小，表明决策单元越接近生产的前沿面，产出端测度的技术效率越高，当 $\beta = 0$ 时生产单位位于生产的前沿面上，这时生产是具有完全技术效率的。

5.2.4 保险公司农业保险经营效率测度与分析

考虑到包含非期望产出的 DEA 模型存在对比较单元个体数量与时序数量

---

① Fare（2007）对环境技术集的定义需满足 3 个公理：非期望产出的弱处置性；期望产出和非期望产出的零结合性；投入要素和期望产出的自由可处置性。

的 Pool 约束①，本研究未使用我国全部 37 个开展农业保险业务的保险公司的数据，而是基于市场集中度原则选择了 12 家保险公司，包括 5 家专业性农业保险公司②和 2017 年度农业保险市场中保费收入份额最高的 7 家综合性财产保险公司③，其中 7 家综合性保险公司 2017 年度农业保险保费收入占农业保险总保费收入的 63.29%，而 5 家专业性农业保险公司保费占比为 25.71%，全部 12 家保险公司保费占比高达 88%，能够充分反映我国农业保险经营主体的效率现实。时序期根据我国农业保险市场的阶段性发展特征确定为 2010—2017 年④，其中 2012 年之前有部分公司未开展农业保险业务⑤，故存在数据缺失与非平衡性影响。

在 DEA 模型的投入产出系统设计上，如前所述，将保险公司农业保险经营的产出分解为期望产出与非期望产出，其中期望产出以各保险公司各年度农业保险保费收入衡量，非期望产出以各保险公司各年度农业保险赔付支出总额衡量。

在投入数据上，考虑到保险公司的业务经营特征，参考孙蓉、奉唐文（2016）的研究，本研究将农业保险经营的要素投入分为资本金投入、管理费用损耗与人员投入，其中资本金使用实收资本+资本公积替代，经营费用损耗使用各保险公司列支的业务及管理费用计算，人员以保险公司年终在册登记人员数量测度。

在实际测算时，由于现有公司维度数据并未给出分保险产品的资本金、业务及管理费用及人员投入⑥，因此本研究使用各保险公司保费收入构成计算了农业保险的业务权重，再使用该业务权重折算保险公司农业保险业务中投入的

---

① Pool 约束是指，包含非意愿产出的 DEA 模型由于需要进行非径向松弛分解，为保证分解效率，要求参评单元个体数量不能远大于时序数量，才能够保证时序相对效率的可比性。
② 分别为阳光农险、中航安盟、国元农险、安华农险、安信农险。
③ 分别为人保财险、太保财险、阳光财产保险股份有限公司（以下简称阳光产险）、紫金财产保险股份有限公司（以下简称紫金财险）、安诚财产保险股份有限公司（以下简称安诚保险）、中国大地财产保险股份有限公司（以下简称大地保险）、华农财产保险股份有限公司（以下简称华农保险）。
④ 如前所述，我国政策性农业保险市场自 2007 年开始迅速增长，但 2007—2009 年相关保险公司数据缺失过于严重，为克服缺失数据与面板非平衡性对效率测度的影响，本研究最终的起始时序期选择在了 2010 年。
⑤ 2012 年之前，中航安盟、紫金财险等公司存在部分数据缺失。
⑥ 卜振兴（2014）将各公司所有业务的投入数据作为计算农业保险效率的数据，这样处理显然不科学。2016 年，阳光农业保险的农业保险业务占比为 85.46%，而人保财险为 7.43%。以员工总数为例，阳光农业保险的员工（3 291 人）大部分从事农业保险业务，而人保财险的员工（261 804 人）只有少部分人从事农业保险业务，若不对数据进行处理，会使结果与现实相差甚远。

资本金、管理费用损耗与人员投入。当然，这样的计算实际上假定公司在不同险种的运营上具有相同的要素配置特征，但考虑到不同险种的业务模式与业务管理高度同质，这一假设并不会导致严重的数据核算误差。

相关数据源自 2011—2018 年《中国保险年鉴》、中经网产业数据库以及保险行业协会网站公布的各公司年度报表，且产出数据核算未计算未决赔付，变量测度及数据描述性统计详见表 5-2 与表 5-3，效率测算全部在 MaxDEA7.1 中实现。

表 5-2 模型变量测度方法

变量	测度方法
保费收入	农业保险保费收入总额
赔付支出总额	农业保险赔付支出
资本金	基于保费收入权重的（实收资本+资本公积）
经营费用损耗	基于保费收入权重的业务及管理费用
人员投入	基于保费收入权重的年末登记在册员工数

表 5-3 数据描述性统计

项目	均值	标准差	中位数	最小值	最大值
保费收入（万元）	203 565	446 329	36 080	2 006	2 183 574
赔付支出总额（万元）	239 224	1 073 299	20 192	73	10 119 500
资本金（万元）	53 407	79 045	14 678	695	385 945
经营费用损耗（万元）	36 211	71 163	8 832	373	317 662
人员投入（人）	105 299	215 443	8 353	207	1 092 209

利用前述包含非期望产出的 DEA 模型测度各参评保险公司的农业保险效率值，其中非期望产出设定为强可处置性，则可得到 2010—2017 年各保险公司的相对效率水平（表 5-4 和图 5-1）。

表 5-4 保险公司农业保险经营效率值测算结果

综合性保险公司	效率值	专业性农业保险公司	效率值
人保财险	1.000 0	阳光农业保险	0.942 3
太保财险	1.000 0	中航安盟	0.747 8
阳光产险	0.720 4	国元农业保险	0.987 6

（续表）

综合性保险公司	效率值	专业性农业保险公司	效率值
紫金财险	0.646 9	安华农业保险	0.800 3
安诚保险	0.590 4	安信农业保险	0.800 2
大地保险	0.777 1		
华农保险	0.609 7		
综合性财险公司平均效率	0.763 5	专业性农业保险公司平均效率	0.809 3

注：各保险公司效率值为使用测算得到的历年效率值算数平均得到。

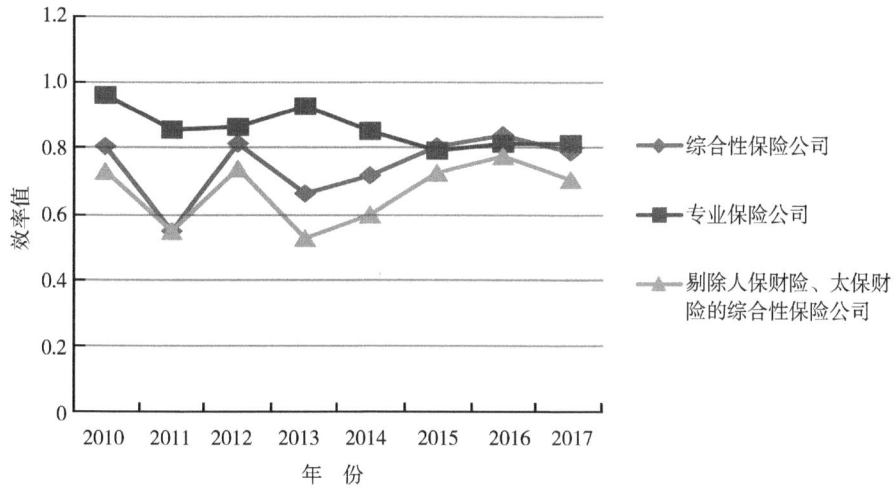

图 5-1　2010—2017 年各保险公司效率值比较

注：在计算各年度综合性与专业性保险公司合并效率时，
使用历年各保险公司农业保险保费收入份额进行了加权计算。

根据表5-4的效率值测算结果，我国农业保险的经营效率确实存在典型的异质性特征，其中人保财险与太保财险作为我国最大的两家财产保险公司，其农业保险经营效率也显著高于其他经营农业保险的公司，这种较高的效率既来自规模收益支撑下的要素边际生产率水平较高，也与人保财险与太保财险在长期经营中存在更为下沉的业务渠道有关，从而能够基于较大的农村业务覆盖度实现农业保险经营边际成本的降低。而其他经营农业保险的公司，无论是综合性还是专业性公司，其农业保险经营效率则显著低于人保财险与太保财险，最低的安诚保险经营效率均值仅为0.590 4。

而从比较维度看，若剔除人保财险、太保财险这种旗帜性公司，综合性农业保险公司的平均效率仅为 0.668 9，远低于专业性公司的平均效率水平 0.809 1，这一结论与孙蓉和奉唐文（2016）的研究结果一致，即专业性农业保险公司表现出更高的效率水平，其原因一方面在于综合性财险公司有其他险种高利润回报的支撑，因而缺乏更强的成本控制意识与农业保险市场竞争意识，降低了其成本管理效率与农业保险收入，另一方面在于专业性农业保险公司具有更多的创新性农业保险产品类别与市场占有率。这也从侧面说明，相对于主粮等农产品而言，价格保险、指数保险等创新型农业保险由于具有更强的市场化运行特征，保险公司也具有更为丰富的风险管理手段与效率意识，因而表现出较强的效率实现。

再考察时序维度上的两类公司效率值变化。由图 5-1 可知，综合性公司与专业性公司的农业保险平均效率相对稳定，但呈现出微弱的下降趋势，即我国保险公司的农业保险经营效率存在一个持续性的恶化，这种效率恶化来自农业保险市场竞争加剧增加了经营成本，甚至可能提升农户参保的议价能力从而降低保单保费水平，也与庹国柱（2017）所提及的大灾风险概率上升相关。2012 年以后，洪、涝等极端气候灾害的频发，增加了农业保险赔付水平，也降低了农业保险经营效率与利润回报。同时存量效应的释放完毕与增量效应的边际成本增加也一定程度上通过成本冲击影响了最终农业保险经营效率。更值得注意的是，这种效率的持续恶化，也许将进一步地凸显保险公司运营农业保险的"社会性与盈利性"目标冲突，也会一定程度上进一步放大保险公司的供给惰性，因为效率下降的一个必然结果就是经营利润率的下降。当然，2013 年以后专业性农业保险公司的经营险种放开，允许其经营非农业保险的财产保险业务，业务资源向其他险种的转移可能也在一定程度上降低了这些公司对农业保险经营的"精益化"管理水平，降低了经营效率。

更重要的是，通过专业性保险公司效率得分显著高于综合性公司这一结论，我们有理由认为，农业保险创新成本高、道德风险可能性大的障碍，并不是导致我国保险公司农业保险产品供给意愿不强的决定性因素，否则在缺乏以险养险的利润支撑模式下，专业性农业保险公司是难以在增量市场竞争中保证较高的效率得分的。这说明供给主体惰性本质上源自综合性保险公司其他高利润险种对农业保险的挤出，这减弱了这些公司增加农业保险经营投入及产品创新的意愿。此外，即使存在创新成本高、道德风险可能性大的限制，农业保险创新也是存在现实路径的，至少专业性保险公司的高效率表现就说明，有效地进行产品设计，整合农户参保需求，强调市场化的风险管理机制，在政府低补贴模式下是可行的，其能够提升农业保险的整体经营效率，也能够一定程度上抵御大灾等系统性风险对保险公司经营的冲击①。

5.3 地区维度的效率分解与效率影响机制分析

孙蓉和奉唐文（2016）在测度出保险公司农业保险经营效率后，基于DEA两步法的研究范式构建了农业保险经营效应的影响因素模型，并考察了资本金充足率、市场规模以及政府补贴强度等对保险公司农业保险经营效率的影响，从而尝试对效率值的异质性结果提供解释。

经营意愿的难以观测，以及农业保险细分产品口径数据的严重匮乏，使得难以寻找到有效的能够测度与替代保险公司经营意愿的适当变量，也造成无法在一个实证框架下分析究竟是何种因素影响与制约了农业保险经营主体的产品供给意愿。

但是，效率值测度为我们提供了一种基于实证模型分析效率决定的可能，同时考虑到各公司间效率值的差异，仅仅能够从公司经营特征、资本金准备及市场规模的视角对其提供解释，而无法准确考察大灾发生概率、农产品结构、政府补贴强度等因素对保险公司经营环节的冲击②。因此，本研究首先基于地区维度进行保险公司农业保险经营效率测度，再通过构建经营效率的影响因素模型，实证考察农产品结构、政府补贴强度对公司效率的影响。这一分析思路潜在的理解在于，如果确实存在农业保险经营内生化的效率改进路径，确实能够通过效率改善与成本节约提升保险公司农业保险经营意愿，此时农业保险创新成本高、道德风险可能性大的障碍就不再是不可突破的。这至少为中国政策性农业保险提供了一种通过效率提升强化保险产品供给的政策通道。

5.3.1 地区维度农业保险经营效率的测度

在农业保险的地区效率测度上，钱振伟等（2014）、江生忠等（2015）曾经将财政补贴强度视为投入变量，而将保费收入与赔付支出视为产出变量，从而实现了对农业保险政府补贴效率的测度，但上述研究存在的缺陷是，由于分省份保险公司要素投入数据的缺失，实际将农业保险保费收入完全视为政府补

---

① 因为本质上多元化的产品结构与异质性的风险类别，本研究存在分散经营风险、降低农业保险产品间风险相关性的功能。
② 一是大灾发生的概率无法观测，二是在保险公司的财务数据中不同险种的经营成本难以分离。

贴的结果，而忽略了保险公司这一决定性主体的策略影响，如保险公司在各地区是否存在经营意愿差异与投入要素差异等。同时由于农业保险参保逆向选择的存在，上述研究可能严重高估了政府补贴效率，因为对那些气候条件差、土地相对贫瘠的地区而言，农户往往存在较强的参保意愿，但保险公司却可能存在规避风险而缩减投入或降低赔付标准的行为①，此时保费收入的增加可能仅仅是逆向选择的结果，而非政府较高的补贴所导致。

有鉴于此，考虑到保险公司主体对地区农业保险经营效率决定的不可或缺性，同时基于数据可得性限制，本研究以下以人保财险这一单一保险公司为例，在可获取分省份资本金及劳动力投入数据基础上，进行人保财险地区相对经营效率的测度，并进一步构建经营效率的面板 Tobit 模型，进行经营效率的影响因素分析，以考察政府补贴强度、农业种植结构及大灾风险概率等对经营效率的影响，以探寻效率提升的内生路径。

各省份人保财险农业保险经营效率的测度方法同前，同样将保费收入记为期望产出，将农业保险赔付支出记为非期望产出，同时投入段也使用资本金、经营费用以及人员投入衡量，在此基础上使用双向 DEA 模型即可完成省际农业保险经营效率的测度。

在实际的变量测度上，资本金依然使用"实收资本+资本公积"衡量，经营费用也为列支的业务及管理费用支出总额计算，但人员投入由于缺少员工数据，使用人保财险公司各省份审计报告中的应付职工薪酬替代。在实际计算时，与前文类似，同样采用各分公司保费总收入中农业保险业务收入占比进行了折算。

在省际样本选择上，目前仅仅能够获得湖南、山东、广西、广东、新疆、河北、浙江 7 个省（区）的人保财险分公司 2013—2016 年度审计报告，故最终省际样本为上述 7 个省（区），时序期为 2013—2016 年，其中各省（区）人保财险分公司农业保险保费收入与赔付支出源自历年《中国保险年鉴》，其余数据源自各年度各分公司审计报告。变量测度及数据描述性统计详见表 5-5 与表 5-6，效率测算全部在 MaxDEA7.1 中实现。

利用 MaxDEA 软件，使用前述的包含非期望产出的双向 DEA 模型即可测度出人保财险分公司各年度各省份农业保险效率值，其中非期望产出依然假定为强可处置性，结果详见表 5-7。

---

① 我国农业保险对保险赔付标准的核定相对清晰，但考虑到定损的困难，保险公司在理赔时往往采用协议理赔模式，这使得保险公司降低农业保险赔付水平成为可能。

表5-5 模型变量测度方法

变量	测度方法
保费收入	各省份分公司农业保险保费收入
赔付支出总额	各省份分公司保险赔付支出
资本金	各省份分公司依农业保险收入加权的实收资本+资本公积
经营费用损耗	各省份分公司依农业保险收入加权的业务及管理费用
人员投入	各省份分公司依农业保险收入加权的应付职工薪酬

表5-6 数据描述性统计

项目	均值	标准差	中位数	最小值	最大值
保费收入（万元）	85 992	49 540	71 071	24 082	177 402
赔付支出总额（万元）	55 346	35 214	34 203	16 032	135 173
资本金（万元）	109 547	44 455	88 172	53 035	178 311
经营费用损耗（万元）	4 319	1 127	4 537	2 146	6 149
人员投入（万元）	2 064	660	2 043	1 147	3 155

表5-7 人保财险分公司各省份农业保险效率值比较

年度	广东	广西	河北	湖南	山东	新疆	浙江
2013	0.271 1	0.258 9	0.730 6	0.752 0	0.479 8	1.000 0	0.165 0
2014	0.257 9	0.264 1	0.640 9	0.691 3	0.248 4	1.000 0	0.158 1
2015	0.291 4	0.362 3	0.608 5	0.769 5	0.454 3	1.000 0	0.151 1
2016	0.286 1	0.337 5	0.610 2	0.806 5	0.537 1	1.000 0	0.147 2
年度平均	0.276 7	0.305 7	0.647 5	0.754 8	0.429 9	1.000 0	0.155 3

从表5-7的人保财险各省份分公司农业保险经营效率看，省份间效率差异水平较大，样本数值离散度达到0.532 9，表明经营效率存在典型的省际差异。其中新疆农业保险经营效率最高，而浙江经营效率最低，其年度效率均值仅为0.155 3，考虑到参评单元为同一保险公司，其业务经营能力、风险管理能力、薪酬水平及保险业务经营模式高度一致，因此可以得出结论，影响保险公司农业保险经营效率的因素，更多地来自市场外部冲击，如各省份间不同的大灾发生概率、政府补贴、政府发展农业保险的意愿差异以及产品结构差异

等，而不是由公司资本金充足率、公司成本控制能力及人员素质等公司治理层面的因素决定。这一定程度上解释了为何前文分析发现专业性农业保险公司总是具有更高的经营效率，而非专业性的综合性保险公司效率却普遍偏低的事实，其一部分原因来自农业保险产品结构、大灾对赔付的冲击，另一部分原因很可能是因为专业性农业保险公司具有更高的组织效率所导致。

5.3.2 省际农业保险经营效率的影响因素分析

在前述效率值测度的基础上，本研究进一步构建实证模型定量分析农业保险经营效率的影响机制，并考察大灾发生、政府补贴等市场外生冲击对经营效率的真实作用过程。

参考 Scander（2010）、Alireza（2013）、Porta 和 Stock（2016）的研究，效率值的影响因素模型可构建如下：

$$tc_{it} = \alpha_0 + \alpha_1 gov_{it} + \gamma_1 dsp_{it} + \eta_1 agc_{it} + \sum \beta_j x_{jit} + \varepsilon_{it} \quad (5-3)$$

式中，tc_{it} 为前文测度出的各省份农业保险经营效率值；gov_{it} 为政府农业保险补贴强度；agc_{it} 为省际农业种植结构；dsp_{it} 为各省份历年度大灾发生概率；x_{jit} 为其余与农业保险经营效率相关的控制变量。

在具体的变量测度与选择上，政府农业保险补贴强度 gov_{it} 使用各省份中央与地方两级政府农业保险保费财政补贴总额占省份年度财政支出总额比重衡量，在种植结构 agc_{it} 的测度上，由于缺乏细分农产品统计数据，参考刘蔚和孙蓉（2016）的研究，使用各省份年度"主要粮食作物种植面积/年度耕地面积"测算，其中主要粮食作物为稻谷、小麦、玉米、大豆和油料作物。而大灾发生概率 dsp_{it} 使用各省份各年度公开报道的自然灾害发生数量计量，其中自然灾害发生数量的统计主要来自《中国保险报》相关报道和《中国保险年鉴》，即检索对应省份自然灾害公开报道数量并进行合并计算[①]。

在其他控制变量的选择上，考虑到农业保险市场竞争的影响，参考 Alireza 等（2013）的研究，使用人保财险分公司农业保险保费收入占该省份当年度农业保险保费总收入的比重来测度区域农业保险市场竞争强度，同时以地区农村家庭人均纯收入来进行农户收入衡量并引入模型，原因是较高的农户收入往往意味着农户存在非农业保险的风险分散渠道，这会弱化农户参保意愿，进而在成本固定特征下影响保险公司保费收入及经营效率。

---

① 具体的自然灾害类型包括地震、泥石流、洪涝、干旱及虫灾，此外还包括极端天气事件。但灾害统计中无法准确衡量灾害强度。

本部分所涉及变量的定义及相关测度方法详见表5-8。

表5-8 模型变量测度方法

变量	测度方法
农业保险经营效率	包含非期望产出DEA模型测度得到的效率值
政府农业保险补贴强度	中央与地方两级政府农业保险保费财政补贴总额占省份年度财政支出总额比重
种植结构	稻谷、小麦、玉米、大豆和油料作物种植面积/耕地面积
大灾发生概率	各省份公开报道的自然灾害发生频次
市场竞争强度	人保财险分公司农业保险保费收入占该省份当年度农业保险保费总收入的比重
农户收入	农村家庭人均纯收入

表5-9给出了本部分实证研究所涉及数值型变量的描述性统计量。

表5-9 数据描述性统计

项目	均值	标准差	中位数	最小值	最大值
农业保险经营效率	0.509 9	0.287 5	0.454 3	0.147 2	1.000 0
政府农业保险补贴强度	0.143 4	0.095 3	0.115 7	0.073 5	0.165 4
种植结构	0.347 1	0.008 7	0.297 4	0.091 6	0.358 1
大灾发生概率	0.052 4	0.012 9	0.060 0	0.010 0	0.110 0
市场竞争强度	0.333 1	0.005 4	0.298 7	0.431 91	0.205 5
农户收入（万元）	2.518 2	0.247 8	2.699 9	3.120 5	1.351 7

考虑到农业保险经营效率受大量不可观测变量的影响，如非突变性质的气候变化、保险业务开展的区域分散特征等，因此使用变截距模型来控制不可观测变量的存在导致的个体异质性问题，同时考虑到本研究的省际样本仅仅为7个，缺乏对全部省际样本的代表性（白仲林，2009），因此选择使用变截距的随机效应模型。

由于模型中经营效率 tc_{it} 为DEA模型中测算得到的效率值，使得 tc_{it} 存在 0、1 截尾特征，为克服受限因变量的影响，本研究最终使用Tobit模型进行参数估计，估计方法使用了可行广义最小二乘FGLS，以保证参数估计量的一致性（Ulben和Zivolt，2004）。最终的参数估计结果详见表5-10。

同时参考前述的分析，决定农业保险经营意愿的重要因素是农业保险的赔付率，较高的赔付率与难以分散的系统性风险，将增加保险公司经营惰性，降低其增加农业保险产品供给的意愿,因此本研究同时将各省份各年度农业保险简单赔付率作为被解释变量一并进行了参数估计,为实证分析提供进一步的证据,参数估计方法依然使用FGLS,但不再构建Tobit模型,估计结果一并由表5-10给出。

表5-10 经营效率与农业保险赔付率的影响因素模型估计结果

解释变量	经营效率	简单赔付率
政府农业保险补贴强度	0.031 1*** (3.47)	—
种植结构	-0.040 5* (-1.96)	0.031 6** (1.99)
大灾发生概率	-0.083 1*** (-5.12)	0.002 8*** (5.12)
市场竞争强度	0.007 1** (2.94)	—
农户收入	—	—

注:①*** 表示在1%的水平上统计显著,** 表示在5%的水平上统计显著,* 表示在10%的水平上统计显著。

②—代表对应解释变量不显著并在模型中予以剔除。

③由于变截距参数估计结果并不影响本研究后续的分析,固定效应的变截距参数估计结果并未给出。

根据表5-9的估计结果,中央与地方两级政府对农业保险的保费补贴强度确实与农业保险经营效率显著正相关。一方面,较高的政府补贴强度,通过降低农户参保费率形成了较强的参保激励,从而能够有效扩大农业保险市场规模,最终实现保险公司的规模化经营,并有效地摊薄固定成本。另一方面,政府补贴强度水平也显示出政府在农业保险参保上的政策隐性约束强度,在政府强干预模式下,当政府实施较强的农业保险保费补贴时,往往辅之以较强的隐性约束,如将参保率与干部考核及责任考核相挂钩,这种参保隐性约束力度的增强也会扩大农业保险市场规模,从而保证了农业保险经营的高效率表现。这意味着,至少在当前,适度增加政府保费补贴能够降低保险公司经营压力、提升经营绩效,继而弱化其经营惰性,为破解弱博弈均衡提供助力。

同时,估计结果还表明,各省份主粮、棉花、油料、糖料作物种植占比衡量的种植结构及大灾发生概率与农业保险经营效率在10%的显著性水平上负相关,这说明在农业保险产品结构中,当前我国政府依照"应保尽保"原则主推的种植业保险,依然属于低效率运营险种。考虑到本研究DEA模型中投入—产出的设计,这说明保险公司在种植业保险运营上存在农业保险保费收入偏低、赔付概率较高且赔付压力巨大的经营困境。虽然政府补贴的存在一定程度上能够修正这种市场性扭曲,但这依然成为保险公司表现出农业保险经营惰性的重要原因,特别是考虑到保险公司存在不同险种间的决策选择与要素分配,则其他险种较高的利润率导致的对农业保险经营意愿的挤出就不难理解了。另外,大灾发生概率的增加将降低农业保险经营效率,说明我国农业保险经营状况依然高度依赖于灾害发生频次,即目前的农业保险运营还是缺乏有效的大灾风险分散机制,农业保险表现出与农业生产类似的"靠天吃饭"的自然属性特征。如何加深对农业保险中自然风险和经济风险的特点和规律的认识,如何客观地厘定和认定保险费率,将是未来决定农业保险经营效率,特别是种植业产品农业保险效率的决定性因素。

此外,市场竞争强度与保险公司经营效率存在正向促进作用,这与钱振伟等(2014)的研究结论一致,即市场经营主体的多元化及行业良性竞争机制的建立,确实能够形成内生性激励,促进保险公司强化成本控制,增加保险经营灵活性从而实现效率改善。

最后,根据表5-10,农户收入水平对农业保险公司经营效率不存在显著影响,即农户收入与农业保险经营间存在"脱钩",而在传统的农业保险理论中,农户较高的收入,总是意味着较强的风险意识以及较高的参保意愿,也能够承受较高的参保保费。这一事实进一步说明,我国农业保险市场的产品结构与农户收入管理的风险结构存在契合性问题,产品结构难以适应农户收入水平提升后的风险管理需要,从而难以满足高收入农户的参保需求。

再来考察农业保险赔付率方程的估计结果。由表5-10,种植结构、大灾发生概率与农户收入都与简单赔付率显著正相关。这说明在当前的政策性农业保险体系中,大米、水稻及玉米等主要种植业农业保险依然属于"低保费、适度保障"模式,且其赔付率高度依赖于大灾发生概率,再保险及风险基金等风险分散手段并不能够有效化解保险公司的系统性风险,这可以解释为何我国自2015年后频繁出现农业保险超赔。如何构建起有效的风险分散体系,将是改变保险公司经营惰性、形成农业保险产品供给激励的关键所在。

5.4 小 结

本部分重点对农业保险弱博弈均衡中的保险公司主体惰性进行研究。

首先,从系统性风险分散、农业保险利润率与政治红利摊薄,以及产品创新的边际成本变化 3 个视角对保险公司缺乏农业保险产品供给意愿的经营惰性进行了解释。正是因为现行的农业保险体系中，缺乏有效的系统性风险分散手段、农业保险利润率较低、政治红利的摊薄形成了其他险种对农业保险的挤出，以及产品创新由于较高的产品设计成本与道德风险的机会成本造成创新边际成本偏高，形成了保险公司农业保险经营的较大经营压力与利润压力，从而导致了经营惰性与产品供给意愿不足的弱态特征。

其次，本部分进一步使用包含非期望产出的 DEA 模型进行了不同保险公司农业保险经营效率的测度与分析。结论表明，我国农业保险经营效率确实存在典型的异质性特征，综合性财险公司经营效率明显低于专业性农业保险公司，农业保险创新成本高、道德风险可能性大的障碍，并不是导致我国保险公司农业保险产品供给意愿不强的决定性因素。农业保险创新也是存在现实路径的，至少专业性保险公司的高效率表现就说明，有效地进行产品设计，整合农户参保需求，强调市场化的风险管理机制，在政府低补贴模式下是可行的，其能够提升农业保险的整体经营效率，也能够在一定程度上应对大灾等系统性风险对保险公司经营的冲击。

最后，考虑到效率影响机制模拟的需要，本部分进一步在地区维度下进行了保险公司农业保险经营效率的测度并构建面板模型进行了效率决定的实证检验。结果表明，保险公司在种植业保险运营上存在农业保险保费收入偏低、赔付概率较高且赔付压力巨大的经营困境，虽然政府补贴的存在一定程度上能够修正这种市场性扭曲，但这是保险公司表现出农业保险经营惰性的重要原因。同时，农业保险经营状况依然高度依赖于灾害发生频次，即目前的农业保险运营还是缺乏有效的大灾风险分散机制，农业保险表现出与农业生产类似的"靠天吃饭"的自然属性特征，如何构建起有效的风险分散体系，将是改变保险公司经营惰性、形成农业保险产品供给激励的关键所在。

6 农业保险市场弱博弈均衡的破解——路径选择与政策思路

在前述各部分概括与解释了政策性农业保险弱博弈均衡特征的基础上,本部分尝试寻求抑制农业保险参与主体惰性从而实现弱博弈均衡破解的制度路径。在借鉴美国、日本、印度的政策性农业保险发展实践与规律性经验的基础上,探寻强化农业保险主体激励的具体政策优化措施,为我国完善农业保险市场的制度体系、构建"激励相容、约束得当"的政策性农业保险政策框架提出具体的优化措施与策略调整思路,以实现我国农业保险在规模、深度与广度上的提升,最终实现"增品、提标、扩面"的政策目标。

6.1 破解农业保险弱博弈均衡的路径选择

我国农业保险市场弱博弈均衡的出现与固化,其根源在于在现有的政策性农业保险框架中,政府、农户与保险公司均在不同的偏好与行为策略下表现出较强的主体惰性,从而形成了一种事实上的博弈均衡,进而导致了弱博弈均衡的出现。破解弱博弈均衡的第一步就在于如何通过有效的主体激励策略抑制主体惰性,强化参与主体对实现规模弱态突破的意愿与动机。以下针对各参与主体细致分析强化主体激励、抑制主体惰性的行为路径,从而为后续农业保险政策思路提供基础。

6.1.1 政府主体:扩张政策性农业保险的边界

根据前文的分析,政府主体在农业保险发展上的政策预期可以明确为"稳产、稳收",稳产是指保证基础性农产品的供给稳定,稳收则是指构建农业经营户的灾后风险补偿机制,保证农户福利不因灾而减。同时政府主体之所以在弱博弈均衡的农业保险市场中表现出一定程度的主体惰性,根源在于当前我国农业保险在政策性农业保险的具体边界选择上尚未明晰,政府特别是地方政府对"该对哪些农产品进行保费补贴""具体的补贴比例该如何确定""政策性农业保险的风险覆盖成本该如何核定"3个问题上始终缺乏一个明确的政策思路，从而导致我国农业保险市场呈现出"政策性农业保险市场迅速成长、市场化农业保险市场举步维艰"的结构性特征。

当然，在有限的政府财力约束下，政府是没有能力将农业保险的补贴边界覆盖到所有农产品的。从其他国家农业保险发展实践看，农业保险市场也总是"政策性农业保险+市场化农业保险"的双重发展模式，政策性农业保险是没有可能完全替代市场化农业保险的份额的。但是必须注意到的是，由于农村土地流转的制度性障碍、农户资本积累能力的薄弱等原因，我国农业生产的基本模式依然是"零散式小农经济"（孙鹏程等，2017），农业经营活动的基本生产单元依然是家庭，这决定了我国农户在实际的农业风险平滑工具上，只能选择非农性收入、代际转移支付等方式，而无法更多地通过远期交易、价格锁定、规模议价等方式转移农业风险。同时我国农村人口依然处于较低的收入存量阶段，生产盈余规模小、储蓄与资本的风险抵御能力弱，这就要求政府在农业保险的政策目标选择上，应该在基本实现"稳产"目标的基础上，进一步将政策重心集中在"稳收"上，即结合我国农业经营特征与农户风险抵御能力的现实一定程度上扩大政策性农业保险与保费补贴工具的边界，适度地将政策性农业保险边界向新型农产品覆盖。在农业结构的优化升级基本完成、农业生产的规模化效率基本实现、农户收入实现了稳定增长后，再适度调整与缩减政策性农业保险的边界，从而通过政府干预的弹性调整，保证对农业保险市场的激励强度，从而为破解农业保险的弱博弈均衡提供制度推力。

考虑到地方政府目前实际上已经替代中央政府成为农业保险的主要补贴主体，因此为强化地方政府的政策性农业保险边界扩张动力，中央政府应尽快明确财政补贴工具的应用边界，在考虑财政支付能力的基础上，扩充地方政府在一些主要新型农产品上的保费补贴责任，强化地方政府的补贴约束，并通过地方政府主体惰性的克服推动农业保险市场弱博弈均衡格局的破解。

6.1.2 农户主体：提升风险保障强度

正如第四部分实证分析所证实的那样，当前我国农业保险市场的弱博弈均衡中，农户主体的参保惰性主要表现在现有的农业保险风险覆盖模式与农户的实际风险保障需求存在偏离，从而无法保证足够的农户参保激励。

进一步地细分农户参保激励不足的现实，实际上可以将农户分为两类，一是部分的零散、小规模作业农户，由于其农业规模过小，或是处于交通不便或风险高发区域，使得这部分"散户"被排斥在现有的政策性农业保险体系之外（庹国柱，2014），而无法享受农业保险服务。这种保险排斥主要源自保险公司观察到散户服务较高的服务成本而不愿意提供服务，或者是由于生产活动区域的过度分散及较高的交通成本使得当前的"一村一议"参保协商模式忽略了散户农业保险需求。因此对这部分农户而言，其主体惰性的破解就应该落脚在农业保险服务体系的扩张，同时这部分农户往往属于收入偏低、规模化运营能力弱的低效率生产者，其对保费补贴与灾后农业保险保障强度更为敏感，但同时也意味着其风险分散手段的匮乏与单一，因此通过提升农业保险赔付水平与风险保障强度，就能够形成较强的"散户"参保激励。

而另一类农户则是大量的规模化、资本相对密集的农业经营者（郭建民和李昌河，2014），如规模化种植的农场经营者，以及从事海产品养殖与加工、鲜花与水果栽培的高投入、高风险经营者，这些农业经营"大户"的农业保险参保惰性形成，主要是因为农业保险较低的风险保障能力，以及缺乏针对性的农业保险产品从而导致农业保险无法覆盖"大户"的风险需求所衍生。当前我国政策性农业保险的成本覆盖依然属于"物化成本"覆盖，虽然政府进行了高比例的保费补贴，但随着种植业与养殖业的技术复杂度与效率模式发生变化，物化成本占比逐渐降低，从而使得农业保险保障强度难以有效激励"大户"参保。此外，我国农业保险依然属于"保产量"而非"保收入"模式，从而无法覆盖价格冲击、市场波动等经营风险。特别是缺乏针对海产品养殖、林苗栽培、水果种植等新型农产品的农业保险业务，从而导致了风险覆盖与风险需求的偏离，形成了较强的农户参保惰性。

因此，从农业保险市场农户主体的激励路径看，抑制农户参保惰性的路径应该集中到调整农业保险成本核算模式、强化农业保险风险保障能力、进行新型农产品农业保险业务创新上。

6.1.3 保险公司主体：启动新型农业保险的经营费用补贴

从保险公司主体惰性看，之所以保险公司缺乏农业保险业务创新的动力，根本原因在于农业经营的复杂性决定了定损与精算困难，且较高的农户道德风险与逆向选择增加了农业保险运营的不确定成本（施红，2009），因而保险公司在"盈利性目标"约束下，缺乏进行新型农业保险实践的勇气与动力，也不愿意将成本核算模式调整为"农业完整成本",更难以承受价格风险、市场冲击风险等农业保险经营的不确定风险。

因此,虽然大多数新型农业不属于基础性的、支柱性战略农产品,政府为刺激农业保险市场也应该在新型农产品上进行适度的补贴,特别是考虑到保险公司相对政府具有更高的保险成本甄别效率(Goodwin 等,2004),此时政策性农业保险的补贴主体应该由农户转移到保险公司主体上,即启动新型农产品的农业保险经营费用补贴,从而激励保险公司进行新型农产品的农业保险创新,以修正农业保险风险覆盖与农户风险配置需求间的偏离。

另外,从其他国家农业保险市场的发展实践看,再保险机制的存在,能够很好地化解农业系统性风险形成的保险公司经营压力,为保险公司经营新型农产品保险业务提供一种风险转移与风险过渡功能,一定程度上能够弥补保险公司在进行农业保险业务创新时的不确定风险,也能够激励保险公司在农业保险成本核算时愿意将更多的"非物化成本"纳入进来,从而为保险公司进行业务创新提供动力。除此之外,政府补贴资金向农业保险"风险基金"注入等手段也可以作为辅助性的、政府强化保险公司主体激励的路径。

6.2 政策性农业保险的国际经验借鉴

上述弱博弈均衡破解路径分析,仅仅是从各参与主体行为修正的视角,进行了农业保险主体惰性抑制的路径分析。但必须承认的是,政策性农业保险实际是涉及法律、制度、责任分配、目标落实等多个内容的综合性政策框架,因而通过对 3 种国际主要农业保险发展模式的经验总结,可以为破解我国农业保险市场的弱博弈均衡提供一定的启示。

6.2.1 以美国为代表的政府主导型农业保险发展经验

美国的农业保险发展经历了从私人保险向政府主导的转变。私人保险时期最早可以追溯到 1880 年的雹灾险,完全由私营保险公司供给,此后亦推出了多灾害保险,然而随着参保率持续下降和赔付率的大幅攀升,农业保险市场不断萎缩,私人保险公司逐渐退出农业保险市场。1922 年农业保险问题再次得到关注,历经 16 年,政府主导型农业保险制度才拉开序幕——成立了联邦农作物保险公司。美国农业保险市场经过 70 余年的发展已经趋于成熟,如表 6-1 所示。

表 6-1 美国政策性农业保险发展历程

发展阶段	法令	作用	内容
1938—1994 逐步扩面*	1939年《美国联邦农作物保险法》	确立了农业保险制度	政府承担农作物保险计划的行政费用和运营费用
	1980年《美国联邦农作物保险法》第十二次修改	确立了农业保险保费补贴政策	构建政府主导型农业保险制度的基本框架
	1994年《克林顿农作物保险改革法》	消除农业救济对农业保险的挤出效应	将惠农政策**与农业保险参保绑定，鼓励商业保险公司进入农业保险市场
1995—2011 快速发展***	2000年《农业风险保障法》	差异化保费补贴	鼓励农户提高参保水平
	2008年《美国农业法案》	建立再保险制度	政府为农业保险经营公司提供收益共享、风险共担的再保险制度，并对商业保险公司经营农业保险业务附加一定的约束
2014—2018 稳中有升****	2014年《食物、农场及就业法案》	确立了农业保险成为美国农业安全网的核心（袁祥州等，2015）	取消农业直补，向农业风险管理转变*****
	《2018年农业提升法案》	调整农业保险补贴结构	提升农业巨灾风险保障水平，缩减管理费用，注重农户风险管理和保险教育

注：*保障的覆盖面不断提升；**农户信贷计划、农产品价格支持等；***农户参保率迅速提高，保障水平不断攀升；****农业保险市场稳定发展，保障水平稳中有升；*****提高农业风险保障金额，扩大农业保险覆盖范围，推出新型农业保险产品，提高政府对农业保险的补贴力度。

美国是最早发展农业保险的国家之一，其农业保险市场发展相对完善，农业保险补贴形式呈多样化，补贴比例不断提升，相关立法稳步先行，其发展经验对我国政策性农业保险的发展有重要的借鉴意义。

首先，以农户需求为导向的多层次农业保险产品体系为农业生产者提供了兼顾农业生产成本、价格风险及灾害风险的多维风险保障，实现了农业保险产品保障水平的相互补充和衔接（徐斌，2018）。其次，稳步完善的农业保险立法，如表 6-1 所示，不断增强的政府农业保险支持力度与其他农业政策有机联动，提高农户参保的积极性。再次，实行差异化的补贴策略，将保障水平、保险标的品种、风险层次与补贴比例挂钩，提升了农业保险补贴补贴效率，打破了农业保险市场"供需双冷"的格局。尤其是农业保险经营公司供给意愿的激励，通过多层次的税收优惠、经营管理费补贴、再保险补贴和研发费用补贴激励保险公司供给的积极性，优化了农业保险产品结构，推动农业保险产品创新不断适应新型农业保险市场需求的良性发展。最后，建立与商业性保险公司"收益共享、风险共担"的再保险财政支持政策。政府制定承保规则、核赔与定损标准、农业保险价格等约束条件，保险公司在满足约束的前提下才能获得政府的再保险支持，规范农业保险经营公司承保、理赔；通过州级和国家级两个层面收益共享的再保险支持，激励商业保险公司进入农业保险市场。

概括来看，美国在政策性农业保险体系框架中，一方面是通过"收益共享、风险共担"的再保险财政政策，有效地缓解了保险公司农业保险赔付压力，"政府兜底"使得保险公司敢于进行农业保险产品创新，也能够一定程度上转移创新风险导致的经营压力，从而有效强化了保险公司主体激励，实现了供给惰性抑制的目标。另一方面，美国农业保险在农户经营风险覆盖上，实现了对巨灾风险、价格风险与需求风险的全面覆盖，从而提升了农业保险对农户的风险覆盖能力与保障能力，因此有效刺激了农户参保需求，抑制了参保惰性。

6.2.2 以日本为代表的共济制农业保险发展经验

日本位于太平洋火山地震带，自然灾害频发，早在18世纪的江户幕府时期就开始进行农业灾害救助。1929年出台了《家畜保险法》，1938年颁布了针对稻、麦的《农业保险法》。1947年将两法合并修订颁布了《农业灾害补偿法》，自此建立了针对自然灾害、病虫害保障的政府支持下的互助农业保险制度（朱俊生，2013）。经过了70多年的发展，日本形成了"农业共济组合"（简称一级）、"农业共济组合联合会"（简称二级）和政府3层农业保险体系，一级和二级共同承担不超过50%的保险责任。一般情况下，政府对法定农作物保险、家畜保险、果树保险、园艺设施保险提供50%的保费补贴，对旱田作物保险提供55%的保费补贴，而且补贴比例会随着保险费率的提高适当提高。

日本的政策性农业保险，一是通过强制参保（重要①、大宗农作物），分担保费负担，实现参保率的提高。二是构建了中央与地方的两级巨灾风险再保险制度，保证了农业保险经营的稳定性。更重要的是，通过农户—农业共济组合—农业共济组合联合会—政府4方共担风险，大大降低了道德风险。日本政府通过对一级和二级农业保险经营机构提供业务费用补贴，且完全由中央财政负担，在提高供给意愿的同时减轻了地方政府负担，对地方政府和农业保险经营机构具有很大的激励作用，进一步提高了财政补贴效率。

概括来看，日本抑制保险公司农业保险供给惰性的主要措施集中在构建农

---

① 如小麦、大麦、水稻等。

户—农业共济组合—农业共济组合联合会—政府4方风险共担体系，从而实现了部分的农业保险经营风险向政府与社会组织的适度分散，同时再保险制度的建立也降低了保险公司赔付压力，从而强化了对保险公司农业保险供给的激励。

而且日本在部分新型农产品保险中，政府补贴主要以保险公司经营费用补贴为主，这种基于供给端而非需求端的补贴模式，能够实现基于业务结构而非参保结构的直接性补贴，便于保险公司基于不同的保险业务经营状态而非业务规模获得补贴，从而使得保险公司敢于进行保险业务创新，因为此时多亏即可多补，而针对农户的保费补贴则只能实现多保才可多补。

6.2.3 以印度为代表的政府扶持型农业保险发展经验

探索阶段（1942—2000年）：印度拥有约9.6亿名农业人口和亚洲最大的耕地面积，小农经济在国民经济中占主导地位。但受热带季风气候影响，农业生产易遭受洪涝和干旱风险，农民的风险抵御能力极弱。印度政府早在1942年就开始探索适宜的农业保险模式，直到1972年印度政府直接组织了大众保险公司（GIC），开展农作物保险[①]试点，但是试点效果并不理想，主要是农户道德风险难以防范，农业保险经营的管理成本居高不下。基于这一困境印度政府于1979年推出产区产量指数保险[②]，与此同时中央政府与地方政府以2∶1的比例负担50%的保费补贴，开始实行公营部门补贴型农业保险政策（徐斌，2018）。1985年GIC开始在试点地区推行综合农作物保险计划（CCIS），强制信贷农户必须参保，规定保险金额不超过贷款金额的50%，并提高了中央政府的保费补贴比例，中央与地方以1∶1的比例承担50%保费补贴。2000年国家农作物保险计划（NAIS）取代了CCIS，政策性农业保险从试点推行上升到全国层面。

综合发展阶段（2001年至今）：2001年起印度政府对农业保险的限制逐步放松，2002年建立印度农业保险公司（AICI），通过在各州委托银行销售区域产量指数保险，并规定非信贷农户可自愿参保。2003年，在世界银行的技

---

① 主要包括棉花、花生、小麦和马铃薯。
② 指数型农业保险以指数替代产量损失，作为保险赔付的触发参数（如区域平均产量指数、气象指数、卫星图像指数、价格指数和收入指数多种类型），指数保险被保险人获得保险赔付与地区平均损失情况、天气变化、价格及收入变化情况挂钩，而不依据被保险人个人损失情况，道德风险与逆向选择的问题在很大程度上会得到缓解，同时也降低了保险人监督管理成本与理赔的费用（张卓和张冰瑶，2018）。

术支持下，印度政府扶持保险公司开发降水指数保险①，使得"农业保险参保率得到迅速提升，保障水平缓慢提高"（中国农业保险保障水平研究课题组，2007）。2006年印度政府进一步拓宽了农业保险销售渠道，并逐步放开了天气指数保险市场的准入限制，实行具有一定强制性的保费补贴型农业保险计划——天气指数型农作物保险计划。2014年印度政府整合了现有的国家农业保险计划，推出"新国家农作物保险计划（NCIP）"，提高了农业保险的覆盖率，分散农业气候风险。印度政府从保费补贴、经营管理费补贴、精算技术、产品设计4个方面给予财政和政策支持，提高农户的参保意愿同时优化了农业保险的有效供给。在此基础上政府出面建立了粮食作物专项赔付率超赔再保险制度。

纵观印度政策性农业保险的发展历程，不难发现政府规制对农业保险的发展起到极大的推动作用。这对于我国探索在保证保费补贴强度的基础上，逐步尝试多元化、多体系、多渠道的农业保险扶持策略有一定的借鉴意义。如今，印度已经基本形成了产量指数保险与天气指数保险互补型的二元农业保险结构，如表6-2所示。

表6-2 印度现行的农业保险计划

项目	区域产量指数保险	天气指数保险
保险计划	国家农业保险计划（强制）新国家农业保险计划	天气指数型的农作物保险计划
供给主体	印度农业保险公司和商业保险公司	印度农业保险公司和商业保险公司
承保风险	区域平均产量指数为触发条件的多种灾害风险	天气指数为触发条件的单一气候风险
财政支持	中央与地方政府提供50%~75%保费补贴和经营费用补贴	中央与地方政府提供50%保费补贴
保障水平	接近农民的实际产量损失	与地区平均损失情况、天气变化挂钩，而不依据被保险人个人损失情况

印度的政策性农业保险通过指数化的保险合约设计控制承保风险，简化保险流程，降低经营成本，还可以较好地防范道德风险和逆向选择。这为我国农业保险市场的发展开辟了新的思路，通过保险产品创新推动市场均衡的实现，

---

① 大多数国家选择的实行触发参数为降水量的种植业保险，种植业气象指数保险往往结合了指定风险保险与区域产量保险的优势，通过指数化控制承保风险，降低经营成本，还可以很好地控制道德风险和逆向选择（张卓和张冰瑶，2018）。

这也恰是我国农业保险市场发展的短板。

概括来看，印度在抑制农业保险市场的供需惰性上主要的措施集中在以下两个方面：一是适度扩张政策性农业保险边界，对凡是涉及灾害的、被纳入天气指数保险范畴的农业经营活动均提供政府保费补贴，同时基于天气指数而非个体灾害损失的定损模式也增强了农业保险保障强度；二是政府采用保费补贴与经营费用补贴的双补贴模式进行农业保险市场干预，通过保费补贴强化了农户参保激励，而提供经营费用补贴则有利于抑制保险公司创新惰性与供给惰性，从而一定程度上修正了主体惰性，保证了农业保险市场规模的不断增加。

6.3 破解弱博弈均衡的政策思路

综合我国农业保险各参与主体惰性抑制的路径分析，借鉴美国、日本及印度农业保险发展经验，破解农业保险的弱博弈均衡，有必要进行政策体系的整体优化，构建针对不同主体的差异性激励模式，从而突破弱博弈均衡困境，实现农业保险"增品、提标、扩面"目标。

6.3.1 从顶层维度明晰政策性农业保险补贴边界

当前我国已经进行了政策性农业保险向新型农业经营活动覆盖的实践，如山东、湖南对蔬菜大棚与水果大棚经营户给予15%~35%的保费补贴，浙江、上海与江苏对鲜花栽培经营户给予20%~30%的保费补贴等，但整体上我国当前的这一实践主体集中在地方政府，即地方政府依据补贴能力自行确定补贴农业保险品种与比例，中央政府仅仅给予指导性意见，并不提供专项的补贴资金，也对具体的补贴品种选择未进行约束。这实际属于一种"地方政府拥有完全裁量权的、基于财政支配能力而进行的试点性实践"。

但是，由于这一试点性实践缺乏明确的操作细则，也受限于各省份差异极大的财政能力，我国政策性农业保险的政府补贴效率整体呈现非均衡格局（徐黎明，2016），大量欠发达地区农业结构亟待升级、农户抗风险能力差存在较高的风险管理刚需，但却由于地方政府财政支撑能力弱而无法享受更好的农业保险保障服务，从而表现出政策性农业保险的区域"逆选择"。同时在一些发达省份，尽管政府提供了新型农产品的农业保险保费补贴，其政策延续性也较差，补贴强度逐年变化，难以对农户与保险经营者形成稳定性预期。同时地方政府拥有完全自由裁量权以及中央政府扶持资金的缺位，也使得这种政策性农业保险补贴边界的扩张在扩张范围、补贴强度与现实激励效应上明显不足。

因此，我国应尽快建立适度扩张政策性补贴边界的农业保险发展政策思路，从中央政府的顶层维度上，形成鼓励农业保险补贴向新型农业扩张的政策导向，加快出台补贴边界与补贴比例核定的制度性意见，甚至可以硬性约束地方政府给予新型农产品农业保险补贴的最低份额，同时中央政府可以采取专项资金拨付、财政核销等方式为地方政府进行新型农产品农业保险补贴提供资金支持，从而形成明确的政策性农业保险补贴边界的框架。当然，考虑到各省份新型农产品结构差异与区域性发展特征，在实际的补贴品种选择上可以因地制宜，中央政府仅仅控制新型农产品补贴份额约束，从而形成对地方政府的较强激励，增强地方政府的农业保险补贴能力，进而克服地方政府的主体惰性。

6.3.2 加快进行农业保险"提标"改革，提升风险保障强度

针对农业经营散户，加大"提标、降费"的力度，继续推进农业保险保费补贴向贫困地区、山区与少数民族地区的倾斜政策，完善农业保险差异性补贴政策，如建立农业保险保障水平、保险标的品种、风险层次与补贴比例与"贫困人口""五保户"的联动机制，对困难农户提供更强的参保激励，同时考虑到保险公司针对散户相对较高的合同交易成本，可以将部分的散户宣传、协商与合同谈判职能转移到现有的村、镇行政职能中，即通过"保险代理人"体系的完善克服对"散户"的保险排斥，同时在现有的"协商理赔"模式下，也可以启动对困难农户与"散户"的倾斜性理赔策略，尽可能提升农业保险对"散户"的风险保障强度与吸引力。

对新型农业经营者与规模化经营者，强化主体激励的策略应集中在农业保险成本核算模式的改革与风险赔付水平的提升上，尽快推进"完全成本核算"或"平均产值核算"的农业保险承保与理赔试点工作，可以考虑采取基础农产品"完全成本核算"与新型农产品"物化成本核算"的阶段性改革策略，提升对粮棉油糖作物等基础农产品的风险赔付水平，同时降低保险公司在新型农业保险业务创新时的风险水平。

同时，结合"价格保险""期货+保险"的农业保险创新实践经验，尽快建立非灾保险业务体系，允许保险公司尝试在新型农产品上实施"低保费、低保障"与"高保费、高保障"的多元化业务结构，以满足农户的差异性风险需要。

6.3.3 加快构建差异化的、契合农户风险需求的农业保险产品保费补贴体系

当前我国农业保险已经基本形成对基础农产品的"应保尽保"及高额保费补贴以及新型农业的"愿保则保"和商业化保费厘定模式，从本质上说，这种"政策+商业"的农业保险市场模式是符合农业保险的历史实践规律的。但是，严格地将政策性农业保险的边界定位于基础农产品，在我国农户抗风险能力弱、农业多元化经营相对普遍的现实下，由于缺乏对新型农产品农业保险补贴，使得基础农产品农业保险是难以有效覆盖农户经营风险的，特别是在我国农村土地流转加速、基础农产品规模化经营初见成效的时期，更多零散农户的真实风险需求实际更多源自养殖、蔬菜种植、林苗培育与鲜花种植等新型农业活动中，而通过商业化运营实现农业保险向此风险的覆盖，一方面受限于保险公司的业务创新惰性与经营惰性难以形成有效市场，另一方面也由于政策干预预期的缺乏，难以有效刺激农户需求。因此，在尽快将政策性农业保险边界向新型农业扩张的同时，我国应加快建立差异化的、针对新型农业产品的"适度补贴"政策性农业保险体系。

一方面，这种"差异化"体现在政府补贴对象的选择上，注意到我国当前针对新型农产品的农业保险，实际存在较大的农户需求与较少的农业保险产品供给，补贴对象应从农户向保险公司转移，启动经营费用补贴，从"供给侧"而非"需求侧"给予财政补贴，这种补贴对象的转移一方面有利于刺激农业保险市场业务创新，通过适度降低保险公司的业务风险预期，使得保险公司"敢试敢保"，使得农户"有保可参"。同时针对保险公司的补贴也可以使得补贴工具多样化，如适度的税收优惠等，从而缓解政府补贴的财政压力，使得新型农产品农业保险补贴的总额可控。

另一方面，这种"差异化"体现在富有弹性的、基于农产品风险特征提供不同强度补贴。新型农产品的风险结构与基础农产品不同，虽然也存在较大的巨灾风险与自然风险，但在这些产品的整体风险结构中比例相对较低，更多的风险源自价格波动、产品市场竞争等市场性风险，同时，其风险结构相对复杂，风险类型多种多样。因此，政策性补贴工具的运用也需要相应调整，对系统性风险与自然风险水平较高的农产品生产，如海产品养殖与蔬菜种植等，可以采取"高补贴"策略，基于保险公司年终赔付率与实际运营成本给予财政补贴，而对市场性风险为主、"靠天吃饭"属性相对较弱的农产品，如大棚养殖等，采取"低补贴"策略，可以进一步推广"价格保险""期货指数保险"

等新型农业保险运营模式。将政府干预的重心从"补贴"向"服务"转移，通过培训、信息服务、交易平台构建，以辅助性手段提升农户抗市场风险能力，从而降低保险公司的经营风险，有效刺激新型农产品保险市场的启动。

此外，这种"差异化"还体现在政策性补贴的区域性倾斜上，对那些农户收入水平低、抗风险工具少、政府财政能力有限的西部与部分中部省份，中央政府可以给予适度倾斜，如中央政府按比例负担新型农产品保险政府补贴资金，而对相对发达地区与财政能力较强的省份，可以将补贴责任下沉，由地方政府自主承担补贴支出。

6.3.4 在新型农业保险业务上启动保险公司经营费用补贴

我国政策性农业保险的基本思路是针对农户进行保费补贴以强化参保激励，而在保险公司主体端，考虑到经营费用甄别困难、背德成本偏高，因而主要采取"市场化运营"思路，而没有如日本、巴西、意大利等国家对保险公司给予经营费用补贴（黄椿等，2010），从而无法对保险公司拓展农业保险业务链条、丰富农业保险业务品类提供足够激励，最终导致了弱博弈均衡的出现与保险公司在风险类型负责、风险识别困难的部分农产品业务上的退出市场与营销排斥。

虽然自我国农业保险市场保险公司主体的竞争格局形成以来，基于市场份额竞争形成了一定程度上保险公司进行产品创新的激励，专业性农业保险公司的出现也使得在差异化经营思路下保险公司进行了部分的业务创新实践，但由于缺乏针对保险公司成本补贴工具的应用，使得农业保险业务创新呈现出创新规模小、创新力度弱、创新连续性差的特征，保险公司在农业保险业务创新上总是"一试即止""一亏即收"。考虑到弱博弈均衡的一个重要表现是在部分新型农业上的"有需求、无供给"，因此在新型农产品保险上，政府激励的重点应该迅速从农户转移到保险公司上，即将"保费补贴"调整为"经营费用补贴"。当然这一激励存在的前提是政府能够观察到保险公司创新业务的成本与盈利。因此，我国应尽快建立针对农业保险的保险公司专项审计制度，每一年度委托第三方进行保险公司专项业务审计，并通过业务盈利状况调整保险公司保费精算与厘定，例如，可仿照意大利对保险公司在创新性业务上实施最高利润率约束，从而实现保险公司经营与较低保费的平衡，刺激新型农产品保险的市场成长。

6.3.5 建立政府主导而非互助式的再保险体系

再保险对保险公司分散系统性风险、保证农业保险供给的作用已经被大量实践所证实，当前我国农业保险的再保险主体为中国农业保险再保险共同体，由国内 32 家开展农业保险业务的保险公司构成，2016 年我国农业保险再保险规模达 3 600 亿元，确实很好地强化了农业保险市场巨灾风险分散能力，减弱了系统性巨灾风险对保险公司主体的经营压力。

但是，与美国、日本的再保险可以将巨灾风险向政府部分转移不同，我国农业保险再保险模式实际上属于"互助式"的同一主体不同个体间的风险转移，其功能实际上更多地等同于农业保险风险基金，只是将风险基金对保险公司的再保险能力从区域上升到整个国家。在这一再保险模式下，当巨灾发生集中在较小区域或波及较少的保险公司时，确实能够提供较强的风险分散功能，但是一旦区域性灾害拓展为全国范围，或在农业大省集中爆发，则再保险的风险保障能力是不足的，再保险共同体的成员单位将承受较大的赔付压力与运营障碍。这将在很大程度上限制保险公司进行新型农产品保险业务创新的动力，特别是难以为保险公司将农业保险风险覆盖向非灾保险拓展提供激励，因为价格保险等非灾保险并不具有典型的区域性特征，更多时候往往由于外部冲击形成全国性风险（Coble 等，2013）。

因此，我国应尽快尝试建立以国家资金与政府为主体的农业保险再保险公司，可以尝试在现有农业保险再保险共同体的基础上，通过财政资金注入构建政府主导的"再保险资金池"，并由保监会成立专门部门进行管理，在评估再保险风险的同时，建立一旦达到风险阈值，即提供"再保险资金池"补偿的机制，强化再保险共同体对农业保险经营主体的风险保障能力，强化保险公司拓展农业保险业务与增加农业保险供给的激励，从而强化再保险对农业保险市场发展的支撑功能与扶持效率。

6.4 小 结

在前述各部分详尽解释了弱博弈均衡出现的成因基础上，本部分在吸收与借鉴美国、日本与印度等国家政策性农业保险发展实践与规律性经验的基础上，重点从抑制农业保险参与主体惰性的路径选择，以及强化农业保险主体激励实现规模弱态突破的政策建议两个方面，提出了相关建议与优化措施。

本部分结合前述弱博弈均衡主体行为分析，从强化主体激励、抑制主体惰性的视角进行了弱博弈均衡破解的主体激励路径分析，政府主体的激励路径应集中在政策性农业保险边界的明晰与确定上，农户主体激励的重点则在风险保障强度的提升，而保险公司主体激励应着重围绕构建针对保险公司经营费用的补贴体系而展开。

在此基础上，从美国、日本与印度的政策性农业保险的实践看，政府多种补贴工具的组合使用、政府与公司联动的再保险机制、差异化的补贴策略与补贴思路构建了"激励相容、策略得当"的政策性农业保险框架，保证了对农户主体与保险公司主体的激励强度，从而在克服市场失灵的同时，也有效地抑制了农业保险市场参与主体的惰性，实现了农业保险业务的规模扩张与风险保障功能的实现。

更进一步地，从完善我国农业保险政策体系的视角，本部分进一步基于可操作性原则提出了破解弱博弈均衡的策略优化建议，从顶层维度明晰政策性农业保险补贴边界、加快进行农业保险"提标"改革、提升风险保障强度，在新型农业保险业务上启动保险公司经营费用补贴，以及建立政府主导而非互助式的再保险体系将能够对保险参与主体形成针对性激励，从而抑制主体惰性的出现，进而实现我国农业保险市场弱博弈均衡的突破。

7 结 论

7.1 研究结论

我国农业保险发展在政府高度重视、政策密集出台、政府补贴强度持续增加的同时，却面临着农户有效需求不足、保险公司经营惰性较强的现实矛盾，从而导致了弱博弈均衡的出现，也制约了农业保险"增品、扩面、提标"目标的实现。在这一理解下，本研究沿着"什么是弱博弈均衡—为什么出现弱博弈均衡—如何破解弱博弈均衡"的逻辑进程在界定与分析弱博弈均衡的基本特征基础上，从实证层面对弱博弈均衡的成因进行了分析，并从破解弱博弈均衡的目的出发对我国农业保险的政策框架提出策略优化建议。

具体来说，本研究的主要结论可以概括如下。

首先，本研究注意到我国农业保险市场规模弱态与均衡维持力量弱态的双重特征，使用"弱博弈均衡"这一概念对我国农业保险市场进行了特征提炼，并在准确界定农业保险"弱博弈均衡"的基础上，从农业保险市场规模弱态与均衡弱态两个维度对弱博弈均衡的存在性进行了论证。

在此基础上，本研究进一步地使用演化博弈模型，在三主体参与的演化博弈模型中，分析了政府补贴强度变化、农户搭便车系数、保险公司赔偿策略调整对农户、保险公司间参保与承保稳定策略形成的影响，正是由于农业保险市场中政府补贴存在显著的信号示范效应，因此当新型农产品相关保险体系中政府补贴缺位时，农户与保险公司两主体是缺乏打破均衡乃至实现保险市场规模扩张的动力及意愿的，这很好地解释了我国农业保险市场弱态特征得以均衡维持的现实原因，也同时为本研究继续探寻破解弱博弈均衡的政策扶持体系提供了路径支持。

其次，本研究在一个宏观数据维度下，构建了农户参保意愿的影响因素模型，给出了农户参保意愿的决定机制，也为理解农户参保惰性的形成提供了证据。从农户参保意愿的决策方程估计结果看，农户风险感知水平、政府保费补贴强度、农村劳动力受教育程度、农户收入结构及以外出务工衡量的替代性收入渠道的存在都显著地影响农户参保意愿。而农业保险灾后赔付标准与补偿强度，并不能够显著影响参保概率，这意味着我国普遍性存在的农业保险保障强度低的现实，并不能够完全解释农户参保意愿的高低。最终农业保险的农户覆盖水平实际上取决于政府强制性的参保约束力度、农户风险管理意识及收入结构特征。同时，我国农户参保具有典型的盲从性"跟随"特征，基于经验观察而非风险预期管理需要才是农户参保的主要驱动力。

在此基础上，本研究进一步基于干预—控制的反事实框架，在参保率区域分化特征的视角上构建了弱博弈均衡中农户参保惰性的解释模型，并从替代性收入渠道、种植结构等因素视角对弱博弈均衡提供了解释。结果表明，种植结构、替代性收入渠道的存在，以及不同区域农业保险的政府隐性规制力度的差异，确实能够充分地解释我国东部、中部、西部地区的农业保险农户参保率异质性特征。中部、西部地区较高的农业保险参保率，实际是种植结构中粮棉油糖作物占比较高、参保的政府隐性规制约束力度较强及替代性收入渠道匮乏共同作用的结果。但这高农户参保率更多地属于一种"被动的""非理性"的选择。农业保险参保的"正收益"属性、较高的政府补贴强度并不能够对中西部地区农户形成参保激励。

而对东部地区及城市经济体周边农户而言，农户的参保激励主要来自农业保险参保的风险收益水平，保费的高低、政府补贴比例、灾后赔付水平成为参保决策的关键变量。在这一理解下，我国"低保费、低赔付、低收益"的农业保险产品体系，由于无法对接农户的风险保障需求，从而导致了东部地区与城市经济体农户偏低的农业保险农户参保率。

再次，本研究在解释保险公司主体的经营惰性与弱博弈均衡特征时，从系统性风险分散、农业保险利润率与政治红利摊薄、产品创新的边际成本变化3个视角进行了论证。正是因为保险公司缺乏有效的系统性风险分散手段、农业保险利润率较低、政治红利的摊薄形成了其他险种对农业保险的挤出，以及产品创新由于较高的产品设计成本与道德风险的机会成本造成创新边际成本偏高，形成了保险公司农业保险经营的较大经营压力与利润压力，从而导致了经营惰性与产品供给意愿不足的弱态特征。

在此基础上，本研究进一步使用包含非意愿产出的双向 DEA 模型进行了不同保险公司农业保险经营效率的测度与分析，结果表明，我国农业保险的经营效率确实存在典型的异质性特征，综合性财产保险公司经营效率明显低于专业性农业保险公司，农业保险创新成本高、道德风险可能性大的障碍，并不是导致我国保险公司农业保险产品供给意愿不强的决定性因素，农业保险创新也是存在现实路径的，至少专业性保险公司的高效率表现就说明，有效地进行产品设计，整合农户参保需求，强调市场化的风险管理机制，在政府低补贴模式下是可行的。

考虑到效率影响机制模拟的需要，本研究进一步在地区维度下进行了保险公司农业保险经营效率的测度并构建面板模型进行了效率决定的实证检验。结果表明，保险公司在种植业保险运营上存在农业保险保费收入偏低、赔付概率较高且赔付压力巨大的经营困境，虽然政府补贴的存在一定程度上能够修正这种市场性扭曲，但这是保险公司表现出农业保险经营惰性的重要原因。

最后，本研究在借鉴其他国家政策性农业保险发展实践的基础上，重点从抑制农业保险参与主体惰性的路径选择与强化农业保险主体激励实现规模弱态突破的政策建议两个方面，提出了相关建议与优化措施。

从其他国家农业保险实践看，政府多种补贴工具的组合使用、政府与公司联动的再保险机制、差异化的补贴策略与补贴思路构建了"激励相容、策略得当"的政策性农业保险框架，保证了对农户主体与保险公司主体的激励强度，从而在克服市场失灵的同时，也有效地抑制了农业保险市场参与主体的惰性，实现了农业保险业务的规模扩张与风险保障功能的实现。

而结合我国农业保险弱博弈均衡特征的内在规律，参与主体的惰性抑制路径应该包括3个方面，政府主体的激励路径应集中在政策性农业保险边界的明晰与确定上，农户主体激励的重点则在风险保障强度的提升，而保险公司主体激励应着重围绕构建针对保险公司经营费用的补贴体系而展开。

更进一步地，从完善我国农业保险政策体系的视角，本研究提出了破解弱博弈均衡、实现规模突破的具体策略优化思路，包括从顶层维度明晰政策性农业保险补贴边界，加快进行农业保险"提标"改革，提升风险保障强度，在新型农业保险业务上启动保险公司经营费用补贴以及建立政府主导而非互助式的再保险体系。

7.2 下一步研究工作的重点

作为现代农业发展政策框架的重要内容，如何破解弱博弈均衡以实现农业保险的"增品、提标、扩面"这一问题由于参与主体较多、行为逻辑异质性较强，且存在复杂的主体结构，导致本研究的分析表现出诸多不足，下一步的研究工作应重点就以下两方面的不足进行深入探讨。

（1）微观数据的缺乏导致考察农户参保行为与保险公司产品供给策略变得困难

农户参保行为与保险公司产品供给策略是一个典型的微观决策问题，但由于我国缺乏对农户参保行为的直接调查数据，也未实现保险公司农业保险产品数据公开，使得考察农户参保行为与保险公司产品供给策略变得十分困难，本研究不得已在一个宏观数据维度下通过估算省际农业保险参保率进行实证分析，这当然影响到实证结论的客观性与可靠性，同时保险公司产品数据的缺乏，使得弱博弈均衡中的一个重要内容"保险公司创新意愿不足"无法在实证框架下进行检验并提供经验解释，从而导致对弱博弈均衡的实证分析变得不再完整。这只能有待后续数据质量提升后的深入研究。

（2）缺乏在多主体博弈框架下的农业保险参与主体策略博弈分析

农业保险中政府的内生性也许是必然和便于理解的（施红，2009），这使得只有在多主体博弈框架中才能够准确模拟参与主体的策略博弈过程及连续性策略影响，但由于本人能力的限制及政府的外部性收益特征，使得准确与合理的界定农业保险中政府主体的收益函数变得困难，而只能在农户间与保险公司间这种双主体博弈结构中通过政府补贴因子的引入而展开分析，这当然也影响到研究结论的可靠性，也使得对弱博弈均衡的解释是片面与静态的。

附 录

附表 1 新型农产品农业保险补贴办法

险种		保险金额 （元/亩）	保费水平 （元/亩）	政府补贴比例 （%）	农户承担比例 （%）
蔬菜 大棚	单体钢结构	3 000	75	80	20
	连栋钢结构	12 000	300	80	20
	长寿膜	500	60	80	20
棚内附加蔬菜瓜果		2 000	120	80	20
露地葡萄		1 500	120	80	20
茶叶		2 000	120	80	20
水蜜桃		2 000	180	80	20
梨		1 500	120	80	20
苗木		3 000	270	80	20

注：在各地出台的地方性农业保险补贴办法中，具体的补贴产品名录与补贴比例存在差异，表给出的实际是各省份补贴中共同的部分。

数据来源：中华人民共和国农业农村部网站，经作者整理。

附表 2 2004—2020 年中央一号文件中与农业保险相关的政策内容

年份	中央一号文件涉及内容
2004	加快建立政策性农业保险制度，选择部分产品和部分地区率先试点，有条件的地方可对参加种养业保险的农户给予一定的保费补贴
2005	扩大农业政策性保险的试点范围，鼓励商业性保险机构开展农业保险业务
2006	各级财政要增加扶持农业产业化发展资金，支持龙头企业发展，并可通过龙头企业资助农户参加农业保险。稳步推进农业政策性保险试点工作，加快发展多种形式、多种渠道的农业保险
2007	建立农业风险防范机制。要加强自然灾害和重大动植物病虫害预测预报和预警应急体系建设，提高农业防灾减灾能力。积极发展农业保险，按照政府引导、政策支持、市场运作、农民自愿的原则，建立完善农业保险体系。扩大农业政策性保险试点范围，各级财政对农户参加农业保险给予保费补贴，完善农业巨灾风险转移分摊机制，探索建立中央、地方财政支持的农业再保险体系。鼓励龙头企业、中介组织帮助农户参加农业保险

(续表)

年份	中央一号文件涉及内容
2008	认真总结各地开展政策性农业保险试点的经验和做法，稳步扩大试点范围，科学确定补贴品种。完善政策性农业保险经营机制和发展模式。建立健全农业再保险体系，逐步形成农业巨灾风险转移分担机制
2009	加快发展政策性农业保险，扩大试点范围、增加险种，加大中央财政对中西部地区保费补贴力度，加快建立农业再保险体系和财政支持的巨灾风险分散机制，鼓励在农村发展互助合作保险和商业保险业务。探索建立农村信贷与农业保险相结合的银保互动机制。扩大农产品出口信用保险承保范围，探索出口信用保险与农业保险、出口信贷相结合的风险防范机制
2010	积极扩大农业保险保费补贴的品种和区域覆盖范围，加大中央财政对中西部地区保费补贴力度。鼓励各地对特色农业、农房等保险进行保费补贴。发展农村小额保险。健全农业再保险体系，建立财政支持的巨灾风险分散机制
2012	扩大农业保险险种和覆盖面，开展设施农业保费补贴试点，扩大森林保险保费补贴试点范围，扶持发展渔业互助保险，鼓励地方开展优势农产品生产保险。健全农业再保险体系，逐步建立中央财政支持下的农业大灾风险转移分散机制
2013	健全政策性农业保险制度，完善农业保险保费补贴政策，加大对中西部地区、生产大县农业保险保费补贴力度，适当提高部分险种的保费补贴比例。开展农作物制种、渔业、农机、农保险和重点国有林区森林保险保费补贴试点。推进建立财政支持的农业保险大灾风险分散机制
2014	加大农业保险支持力度。提高中央、省级财政对主要粮食作物保险的保费补贴比例，逐步减少或取消产粮大县级保费补贴，不断提高稻谷、小麦、玉米三大粮食品种保险的覆盖面和风险保障水平。鼓励保险机构开展特色优势农产品保险，有条件的地方提供保费补贴，中央财政通过以奖代补等方式予以支持。扩大畜产品及森林保险范围和覆盖区域。鼓励开展多种形式的互助合作保险。规范农业保险大灾风险准备金管理，加快建立财政支持的农业保险大灾风险分散机制。探索开办涉农金融领域的贷款保证保险和信用保险等业务
2015	积极推动农村金融立法，明确政策性和商业性金融支农责任，促进新型农村合作金融、农业保险健康发展
2016	完善农业保险制度。把农业保险作为支持农业的重要手段，扩大农业保险覆盖面、增加保险品种、提高风险保障水平。积极开发适应新型农业经营主体需求的保险品种。探索开展重要农产品目标价格保险，以及收入保险、天气指数保险试点。支持地方发展特色优势农产品保险、渔业保险、设施农业保险。完善森林保险制度。探索建立农业补贴、涉农信贷、农产品期货和农业保险联动机制。积极探索农业保险保单质押贷款和农户信用保证保险。稳步扩大"保险+期货"试点。鼓励和支持保险资金开展支农融资业务创新试点。进一步完善农业保险大灾风险分散机制
2017	持续推进农业保险扩面、增品、提标，开发满足新型农业经营主体需求的保险产品，采取以奖代补方式支持地方开展特色农产品保险。鼓励地方多渠道筹集资金，支持扩大农产品价格指数保险试点。探索建立农产品收入保险制度
2018	探索开展稻谷、小麦、玉米三大粮食作物完全成本保险和收入保险试点，加快建立多层次农业保险体系。稳步扩大"保险+期货"试点，探索"订单农业+保险+期货（权）"试点
2019	完善玉米和大豆生产者补贴政策。健全农业信贷担保费率补助和以奖代补机制，研究制定担保机构业务考核的具体办法，加快做大担保规模。按照扩面、增品、提标的要求，完善农业保险政策。推进稻谷、小麦、玉米完全成本保险和收入保险试点。扩大农业大灾保险试点和"保险+期货"试点。探索对地方优势特色农产品保险实施以奖代补试点

(续表)

年份	中央一号文件涉及内容
2020	稳定粮食生产。进一步完善农业补贴政策。调整完善稻谷、小麦最低收购价政策，稳定农民基本收益。推进稻谷、小麦、玉米完全成本保险和收入保险试点。优先保障"三农"投入。调整完善农机购置补贴范围，赋予省级更大自主权。研究本轮草原生态保护补奖政策到期后的政策。强化对"三农"信贷的货币、财税、监管政策正向激励，给予低成本资金支持，提高风险容忍度，优化精准奖补措施。抓好农业保险保费补贴政策落实，督促保险机构及时足额理赔。优化"保险+期货"试点模式，继续推进农产品期货期权品种上市

附表3 中央财政保费补贴品种

年份	补贴品种	试点及实施范围
2007	玉米、水稻、小麦、棉花、大豆	蒙、吉、苏、湘、川、新
	能繁母猪	22个省
2008	玉米、水稻、小麦、棉花、油料作物	新增冀、辽、黑、浙、皖、闽、鲁、豫、鄂、琼
	能繁母猪、奶牛	
2009	新增橡胶	琼
	新增育肥猪	川、吉、湘
	森林保险	赣、闽、湘
2010	马铃薯	川、蒙
	青稞、牦牛、藏系羊	川、青、滇、甘、藏
2012	新增糖料作物	全国范围
2018	新增三大粮食作物之中保险	全国范围

主要参考文献

阿瑟·雷维吾, 2005. 最优保单的设计 [M] //乔治斯·迪翁, 斯科特·E·哈林顿. 保险经济学. 北京: 中国人民大学出版社: 245-261.

蔡昉, 2011. "中等收入陷阱"的理论、经验与针对性 [J]. 经济学动态 (12): 4-9.

柴智慧, 赵元凤, 徐慧, 2017. 农业保险的低保障水平与产品同质化问题研究——以内蒙古为例 [J]. 保险理论与实践 (9): 95-106.

常伟, 2018. 我国农业保险区域差异性财政补贴研究 [J]. 农业经济 (11): 88-89.

陈光亚, 2006. 带有向量值费用函数的交通网络平衡问题——模型与分析 [J]. 交通运输系统工程与信息, 6 (5): 56-58.

陈盛伟, 史建民, 2006. 省域政策性农业保险模式的理论思考——以山东省政策性农业保险为例 [J]. 农业经济 (2): 12-16.

陈妍, 凌远云, 陈泽育, 等, 2007. 农业保险购买意愿影响因素的实证研究 [J]. 农业技术经济 (2): 26-30.

程名望, 史清华, Jin Yanhong, 2014. 农户收入水平、结构及其影响因素——基于全国农村固定观察点微观数据的实证分析 [J]. 数量经济技术经济研究 (5): 3-19.

程燕, 2016. 基于政府视角的我国政策性农业保险运行效果研究 [D]. 成都: 西南财经大学.

褚保金, 黄惠春, 朱新良, 2011. 我国保险公司经营绩效分析: 基于 Cone Ratio 模型的实证 [J]. 系统工程理论与实践, 31 (5): 823-833.

崔宇明, 李玫, 赵亚辉, 2013. 城镇化进程、农业结构调整与农业产业发展优先序——基于山东省面板数据的实证分析 [J]. 华东经济管理 (6): 13-20.

代宁, 陶建平, 2017. 政策性农业保险对农业生产水平影响效应的实证研究——基于全国 31 个省份面板数据分位数回归 [J]. 中国农业大学学报（12）：30-39.

丁少群, 庹国柱, 1997. 国外农业保险发展模式及扶持政策 [J]. 世界农业（8）：7-9.

丁学东, 2005. 西班牙农业保险政策及对我们的启示 [J]. 农业经济问题（8）：75-78.

杜鹏, 2011. 农户农业保险需求的影响因素研究——基于湖北省五县市 342 户农户的调查 [J]. 农业经济问题（11）：78-112.

杜伟岸, 杨天琦, 陆晨辉, 2016. 政策性农业保险财补效率及区域差异研究——基于三阶段 DEA 模型 [J]. 武汉理工大学学报（社会科学版）（3）：381-387.

樊纲, 王小鲁, 张立文, 2003. 中国各地区市场化相对进程报告 [J]. 经济研究（3）：9-18.

冯文丽, 2004. 我国农业保险市场失灵与制度供给 [J]. 金融研究（4）：124-129.

顾海英, 张跃华, 2005. 政策性农业保险的商业化运作——以上海农业保险为例 [J]. 中国农村经济（6）：53-60.

郭颂平, 张伟, 2009. 中国农业保险供需"双冷"的经济解释 [J]. 广东金融学院学报（7）：102-128.

郭翔宇, 张美玲, 刘从敏, 2015. 农户购买农业保险意愿的影响因素分析——基于巴彦县万发镇 336 个农户调查 [J]. 农业经济与管理（4）：70-79.

侯石安, 2001. 我国财政对农业补贴的目标选择与政策取向 [J]. 农业经济问题（4）：42-44.

胡炳志, 彭进, 2009. 政策性农业保险补贴的最优边界与方式探讨 [J]. 保险研究（10）：96-101.

胡祁, 王文倩, 2017. 基于 DEA 模型的我国保险公司农业保险业务效率分析 [J]. 保险职业学院学报（1）：7-12.

胡学好, 2017. 加大财政支持力度 推动农业保险转型升级 [J]. 保险理论与实务（8）：1.

胡亦琴, 2003. 论农业保险制度的基本框架与路径选择 [J]. 农业经济问题（10）：40-43.

黄洁, 丁士军, 陈传波, 2003. 印度的农业风险及应对策略 [J]. 世界农业（1）：40-41.

黄炜玮，2015. 我国农业保险法律问题研究——以《农业保险条例》为中心 [D]. 太原：山西财经大学.

黄亚林，2017. 农业保险产品创新的制约因素及基于供给侧的策略思考 [J]. 农村金融研究（9）：74-77.

黄正军，2015. 农业保险的结构性需求与供给研究 [J]. 湖北农业科学（3）：1235-1238.

惠莉，刘荣茂，陆莹莹，2008. 农户对农业保险需求的实证分析——以江苏省涟水县为例 [J]. 灾害学（3）：130-134.

姜晓通，程筱胜，戴宁，等，2016. 一种面向3D打印的"弱平衡"轻量化建模方法 [J]. 机械工程学报，52（17）：198-204.

姜岩，李扬，2012. 政府补贴、风险管理与农业保险参保行为——基于江苏省农户调查数据的实证分析 [J]. 农业技术经济（10）：37-51.

李富强，王立勇，2014. 人力资本、农村劳动力迁移与城镇化模式——来自基于面板矫正型标准误的多期混合多项Logit模型的经验证据 [J]. 经济学动态（10）：87-98.

李海峥，贾娜，张晓蓓，等，2013. 中国人力资本的区域分布及发展动态 [J]. 经济研究（7）：49-62.

李军，1996. 农业保险的性质、立法原则及发展思路 [J]. 中国农村经济（1）：55-59.

李柃燕，2011. 黑龙江省政策性农业保险制度研究 [D]. 哈尔滨：东北农业大学.

李绍荣，2002. 帕累托最优与一般均衡最优之差异 [J]. 经济科学，24（2）：75-80.

刘从敏，张祖荣，李丹，2016. 农业保险财政补贴动因与补贴模式的创新 [J]. 甘肃社会科学（1）：44-52.

刘蔚，孙蓉，2016. 农业保险财政补贴影响农户行为及种植结构的传导机制—基于保费补贴前后全国面板数据比较分析 [J]. 保险研究（7）：11-22.

龙文军，张显峰，2003. 农业保险主体行为的博弈分析 [J]. 中国农村经济（5）：76-79.

陆铭，蒋仕卿，陈钊，等，2013. 摆脱城市化的低水平均衡——制度推动、社会互动与劳动力流动 [J]. 复旦学报（社会科学版）（3）：

48-62.

栾存存, 2004. 我国保险业增长分析 [J]. 经济研究 (1): 25-32.

罗必良, 2005. 制度经济学 [M]. 太原: 山西经济出版社.

罗静, 2015. 基于 DEA 模型的我国农业保险效率分析 [J]. 湖北行政学院学报 (4): 67-70.

罗向明, 张伟, 丁继峰, 2011. 地区补贴差异、农民决策分化与农业保险福利再分配 [J]. 保险研究 (5): 13-22.

马春光, 2004. 弱平衡理论在管理决策中的应用 [J]. 冶金经济与管理 (6): 44-45.

马述忠, 刘梦恒, 2016. 农业保险促进农业生产率了吗?——基于中国省际面板数据的实证检验 [J]. 浙江大学学报 (人文社会科学版) (4): 90-99.

聂荣, 沈大娟, 2017. 影响农民参保农业保险决策的因素分析 [J]. 西北农林科技大学学报 (社会科学版) (1): 106-115.

牛浩, 陈盛伟, 2015. 农业保险供需协调机制研究——基于进化博弈的视角 [J]. 农村金融研究 (6): 67-71.

彭可茂, 席利卿, 彭开丽, 2012. 农户水稻保险支付意愿影响因素的实证研究——基于广东 34 地 1772 户农户的经验数据 [J]. 保险研究 (4): 33-44.

钱克明, 2003. 中国"绿箱政策"的支持结构与效率 [J]. 农业经济问题 (1): 41-45.

钱振伟, 张燕, 高冬雪, 2014. 基于三阶段 DEA 模型的政策性农业保险财补效率评估 [J]. 商业研究 (10): 60-69.

施红, 2007. 农业保险财政补贴的激励机制 [J]. 中国保险 (12): 37-40.

施红, 2008. 财政补贴对我国农户农业保险参保决策影响的实证研究——以浙江省为例 [J]. 技术经济 (9): 88-93.

施红, 2008. 美国农业保险财政补贴机制研究回顾——兼对中国政策性农业保险补贴的评析 [J]. 保险研究 (4): 91-94.

施红, 2009. 中国政策性农业保险优化风险配置的机理研究 [D]. 杭州: 浙江大学.

石先进, 黄琦, 陶建平, 2017. 农业保险排斥区域差异及其影响因素研究 [J]. 财会月刊 (18): 103-109.

宋丽智，韩晓生，王研，2016. 我国农业保险发展影响因素研究——基于地区面板数据的实证分析 [J]. 宏观经济研究（11）：122-130.

苏先娜，谢富纪，2016. 企业技术创新合作策略选择的演化博弈研究 [J]. 研究与发展管理（2）：132-140.

隋艳颖，夏晓平，2013. 金融资源配置效率与农村金融排斥——基于农户收入分层的视角 [J]. 金融发展研究（5）：8-13.

孙蓉，奉唐文，2016. 保险公司经营农业保险的效率及其影响因素——基于SBM模型与DEA窗口分析法 [J]. 保险研究（1）：43-53.

庹国柱，2013. 让科学研究更好地服务于农业保险制度建设——中国农业保险32年研究历程简述 [J]. 保险研究（9）：13-20.

庹国柱，2019. 从40年政策变化喜看我国农业保险蓬勃发展 [J]. 保险研究（1）：84-87.

庹国柱，王国军，2002. 中国农业保险与农村社会保障制度研究 [M]. 北京：首都经贸大学出版社：135-152.

庹国柱，朱俊生，2007. 我国农业保险立法几个重要问题的探讨 [J]. 中国农村经济（2）：55-63.

王国军，李京徽，2018. 基于新型农业经营主体需求导向的农业保险供给侧改革研究 [J]. 农村金融研究（6）：21-26.

王敏俊，2007. 我国农业保险的政策性分析与路径选择：一个新构想 [J]. 农业经济问题（7）：64-67.

王能发，杨哲，2018. 一类新广义博弈的均衡存在性 [J]. 系统科学与数学，38（5）：613-622.

王韧，黄渊基，刘莹，等，2018. 中国省域农业保险发展水平的时空格局及影响因素 [J]. 经济地理（6）：117-125.

王小鲁，樊纲，2004. 中国地区差距的变动趋势和影响因素 [J]. 经济研究（1）：33-44.

王小鲁，余静文，樊纲，2016. 中国市场化八年进程报告 [J]. 财经（11）：18-25.

王秀芬，王春艳，李茂松，2012. 我国农业保险财政补贴机制存在的问题及相关建议 [J]. 农村经济（11）：60-64.

伍中信，张娅，2008. 政策性农业保险中的内生最优财政补贴规模研究 [J]. 中南财经政法大学学报（2）：72-76.

郄雅，2015. 我国农业保险可持续发展问题研究 [D]. 石家庄：河北经贸大学：22-24.

肖平，刘新卫，张恒，2013. 演化博弈视角下农村相互保险公司的稳定性分析［J］. 商业时代（28）：59-60.

谢识予，2001. 有限理性条件下的进化博弈理论［J］. 上海财经大学学报，3（5）：3-9.

徐斌，孙蓉，2016. 粮食安全背景下农业保险对农户生产行为的影响效应——基于粮食主产区微观数据的实证研究［J］. 财经科学（6）：99-112.

徐洪水，2011. 边远地区农业保险市场低水平均衡的原因与对策建议［J］. 上海金融（12）：96-99.

许梦博，李新光，王明赫，2016. 国内农业保险市场的政府定位：守夜人还是主导者？［J］. 农村经济（3）：78-82.

杨立旺，袁兵兵，1995. 对保险供求均衡判断标准的探讨［J］. 保险职业学院学报（4）：5-8.

杨婷，杨文选，2010. 我国农业保险低水平均衡的经济学分析［J］. 西安邮电学院学报（7）：75-79.

杨卫军，郭晨阳，2010. 农业保险的低水平均衡：交易费用及外部性视角的分析［J］. 农村经济（1）：82-85.

杨卫军，郭晨阳，2010. 我国农业保险低水平均衡的经济学分析［J］. 贵州社会科学（6）：100-104.

余博，郭军，2014. 农业保险市场供求失衡成因探析——农业保险排斥性视角［J］. 农村经济（4）：92-95.

张长利，2013. 农业保险法比较研究——兼评《农业保险条例》［J］. 贵州财经大学学报，31（6）：86.

张弛，张崇尚，仇焕广，吕开宇，2017. 农业保险参保行为对农户投入的影响［J］. 农业技术经济（6）：75-87.

张建伦，时秀霞，2007. 经济收益、风险博弈与农业保险参与行为——来自中华联合财产保险公司的实证［J］. 保险职业学院学报，21（6）：55-58.

张伟，岑敏华，郭颂平，2011. 基于成本收益分配的中国农业保险补贴模式——利益相关者理论视角［J］. 农村经济（11）：69-73.

张伟，罗向明，郭颂平，2014. 中国政策性农业保险发展的区域比较研究［J］. 南方金融（8）：66-70.

张伟，粟榆，罗向明，2014. 中国环境污染保险供需"双冷"的经济解释 [J]. 保险研究，5：3-12.

张跃华，庹国柱，符厚胜，2016. 市场失灵、政府干预与政策性农业保险理论——分歧与讨论 [J]. 保险研究（7）：3-10.

张卓，尹航，2018a. 关于农户赔付标准、风险感知程度、政府补贴强度与农户参保行为诸因素分析——来自主粮产区面板分位数回归的证据 [J]. 辽宁大学学报（哲学社会科学版）（3）：41-45.

张卓，尹航，2018b. 基于风险可保性理论的巨灾风险有条件可保性探究 [J]. 对外经贸（4）：101-105.

赵山，2005. 纳什均衡与一般均衡的关系研究 [J]. 数量经济技术经济研究，22（1）：138-143.

赵勇，彭再云，2013. 含参集值弱平衡问题解集映射的下半连续性 [J]. 四川师范大学学报（自然科学版），36（6）：841-845.

郑军，汪运娣，2017. 我国农业保险差异性财政补贴：地区经济差距与财政支出公平 [J]. 农村经济（5）：84-90.

中国农业保险保障水平研究课题组，2017. 中国农业保险保障水平研究报告 [M]. 北京：中国金融出版社.

周稳海，赵桂玲，尹成远，2014. 农业保险发展对农民收入影响的动态研究——基于面板系统 GMM 模型的实证检验 [J]. 保险研究（5）：21-30.

周稳海，赵桂玲，尹成远，2014. 农业保险发展对农民收入影响的动态研究——基于面板系统 GMM 模型的实证检验 [J]. 保险研究（5）：22-33.

周县华，廖朴，王娅婷，2017. 自主投保还是强制投保？——农业保险的投保形式及最优保费补贴比例研究 [J]. 保险研究（2）：17-28.

周延，王瑞玲，田青，2010. 我国政策性农业保险主体有效合作的博弈分析 [J]. 西南金融（4）：62-66.

卓志，邝启宇，2014. 巨灾保险市场演化博弈均衡及其影响因素分析——基于风险感知和前景理论的视角 [J]. 金融研究（3）：194-206.

Ahsan S M, Kurian A A G A J, 1982. Toward a theory of agricultural insurance [J]. *American Journal of Agricultural Economics*, 64（3）：520-529.

Alireza F, Barry N Ellinger, Schnitkcy, 2013. Factors influencing farmers' crop insurance decisions [J]. *American Journal of Agricultural Economics* (86): 103-114.

Andrew S, Troy G S, Freedrick R, 2006. Agricultural subsidies in developed countries: Impact on global welfare [J]. *Review of Agricultural Economics* (3): 416-425.

Arrow K J, 1963. Uncertainty and the welfare economics of medical care [J]. *The American Economic Review* (53): 941-973.

Babcock B, Hart C E, Hayes D J, 2004. Actuarial fairness of crop insurance rates with constant rate relativities [J]. *American Journal of Agricultural Economics*, 86 (3): 563-575.

Babcock B, Hart C, 2000. A second look at subsidies and supply [J]. *Iowa Agricultural Review* (Winter), 3: 115-130.

Babcock B, Hennessy D, 1995. Input demand under yield and revenue insurance [J]. *American Journal of Agricultural Economics*, 78 (2): 416-427.

Barry K G, 2001. Problems with market insurance in agriculture [J]. *American Journal of Agricultural Economics*, 83 (3): 643-649.

Bharat R, 1993. Supply response to agricultural insurance: risk reduction and moral hazard effects [J]. *American Journal of Agricultural Economics*, 75 (4): 914-925.

Borch K, 1986. Insurance and giffen's paradox [J]. *Economics Letters* (20): 303-306.

Botts R R, Boles J N, 1958. Use of normal-curve theory in crop insurance rate making [J]. *Journal of Farm Economics*, 40 (3): 733-740.

Cao H, Zhang S Y, 2010. Analysis of the main interests of agricultural insurance main body based on the perspective of evolutionary game [J]. *Agriculture & Agricultural Science Procedia*, 1: 354-363.

Carriker G L, Williams J R, Barnaby G A, et al, 1991. Yield and income risk reduction under alternative crop insurance and disaster assistance designs [J]. *Western Journal of Agricultural Economics*, 16 (2): 238-250.

Chambers R G, Quiggin J, 2001. Decomposing input adjustments under prices and production uncertainty [J]. *American Journal of Agricultural Economics*, 83: 20-34.

Chambers R, Pacey A, Thrupp L A, et al., 1989. Farmer first: farmer innovation and agricultural research [M]. Lodon: Intermediate Technology Publish, New York: Bootstrap Press: 149-173.

Charnes A, Cooper W W, Rhodes E, 1978. Measuring the efficiency of decision making units [J]. *European Journal of Operational Research*, 2: 429-444.

Chen X, Wei W, 2016. An analysis of operational efficiency of agricultural insurance agency: Based on Three-Stage DEA Model [J]. *Asian Agricultural Research* (12): 12-16.

Chung Y H, Färe R, Grosskopf S, 1997. Productivity and undesirable outputs: a directional distance function approach [J]. *Microeconomics*, 51 (3): 229-240.

Coble K H, Barnett B J, 2013. Why do we subsidize crop insurance? [J]. *American Journal of Agricultural Economics*, 95 (2): 498-504.

Coble K H, Knight T O, Williams P J R, 1997. An expected-indemnity approach to the measurement of moral hazard in crop insurance [J]. *American Journal of Agricultural Economics*, 79 (1): 216-226.

Coelli T, Prasada Rao D S, Battese G E, 1988. An introduction to efficiency and productivity analysis [M]. *London: Kluwer Academic*.

Devlin J F, 2005. A detailed study of financial exclusion in the UK [J]. *Journal of Consumer Policy*, 28 (1): 75-108.

Diazcaneja M B, 2011. Does market competitiveness significantly affect public intervention in agricultural insurance: the case in Italy [J]. *Applied Economics*, 43 (27): 4 149-4159.

Dick William J A, Wang W J, 2010. Government interventions in agricultural insurance [J]. *Agriculture and Agricultural Science Procedia*, 1: 4-12.

Du X, Feng H, Hennessy D A, 2014. Rationality of choices in subsidized crop insurance markets [J]. *Center for Agricultural & Rural Development Publications*, 99 (3): aaw035.

Fama E, 1980. Agencyproblems and thetheory of the firm [J]. *Journal of Political Economy* (88): 288-307.

Farrell M J, 1957. The measurement of productive efficiency [J]. *Journal of the Royal Statistical Society*, 120 (3): 253-290.

Gardner B L, Kramer R A, 1986. Experience with crop insurance program sin the united states [J]. *In Crop Insurance for Agricultural Development*, 11: 78-100.

Gatski T B, Wallin S, 2004. Extending the weak-equilibrium condition for algebraic reynolds stress models to rotating and curved flows [J]. *Journal of Fluid Mechanics* (518): 147-155.

GIauber J W, Collins K J, 2002. Risk management and the role of the federal government [M] //A Comprehensive Assessment of the Role of Risk in U. S. Agriculture. New York: Springer US: 469-488.

Glauber J W, 2004. Crop insurance reconsidered [J]. *American Journal of Agricultural Economics*, 86 (5): 1 179-1 195.

Glauber J W, Collins K J, Barry P J, 2002. Crop insurance, disaster assistance, and the role of the federal government in providing catastrophic risk protection [J]. *Agricultural Finance Review*, 62 (2): 81-101.

Goodwin B K, 1993. An empirical analysis of the demand for multiple-peril crop insurance [J]. *America Journal of Agriculture Economica*, 75 (1): 425-434.

Goodwin B K, 2001. Problems with market insurance in agriculture [J]. *American Journal of Agricultural Economics* (3): 643-649.

Goodwin B K, Monte L, Vandeveer Deal, 2004. An empirical analysis of acreage effects of participation in the federal crop insurance program [J]. *American Journal of Agricultural Economics*, 86 (4): 1 058-1 077.

Hazell P B R, 1997. The appropriate role of agriculture insurance in developing countries [J]. *Journal of International Development* (4): 567-581.

Hazell P, Pomareda C, Valdes A, 1986. Crop insurance for agriculture development: issues and express [M]. Baltimore: *Johns Hopkins University Press*, 13 (2): 220-221.

Hewitt J A, 1994. All-risk crop insurance: Lessons from theory and experience [M] //Wright B D. Economics of Agricultural Crop Insurance: Theory and Evidence. Springer Netherlands, 4: 73-112.

Holmstrom B, 1979. Moral hazard and observability [J]. *Bell Journal of Economics*, 10: 74-91.

Holmstrom B, 1982. Moral hazard in team [J]. *Bell Journal of Economics* (13): 392-415.

Holmstrom B, Milgrom P, 1987. Aggregation and linearity in the provision of intertemporal incentives [J]. *Econometric* (55): 303-328.

Horowitz J K, Lichtenberg K, 1993. Insurance, Moral Hazard, and Chemical Use in Agriculture [J]. *American Journal of Agricultural Economics* (7): 926-935.

Innes R, Ardila S, 1994. Agricultural insurance and soil depletion in a simple dynamic model [J]. *American Journal of Agricultural Economics*, 76 (3): 371-384.

James A L, Paul D T, 2008. Moral hazard and background risk in competitive insurance markets [J]. *Economic Papers - New Series*, 75 (300): 700-709.

Jaspersen J G, Richter A, Soika S, 2014. On the demand effects of rate regulation-evidence from a natural experiment [J]. *Social Science Electronic Publishing* (4): 14-35.

Johannes G J, Andreas R, 2013. The influence of premium subsidies on moral hazard in insurance contracts johannes [J]. *SSRN Electronic Journal*, 2: 1-37.

Joseph W G, Keith J C, 2002. Crop insurance, disaster assistance, role if the federal government in providing catastrophicrisk protection [J]. *Agricultural Finance Review*, Fall: 82-103.

Knight T O, Coble K H, 1997. Survey of U. S. multiple peril crop insurace literature since 1980 [J]. *Review of Agricultural Economics* (19): 128-156.

Kramer R A, 1983. Federal crop insurance 1938 - 1982 [J] *Agricultural History*, 57 (2): 181-200.

Lawrence D A, 2002. A general approach to input-output pseudolinearization for nonlinear systems [J]. *IEEE transactions on automatic control*, 43 (10): 1 497-1 501.

Leatham D J, Lonnie J, Laurence C, 1997. Economic impact of crop insurance on the north dakota state economy [Z] //1997 WAEA Selected Paper Submission Sheel. 1-7.

Lee D R, 2005. Agricultural sustainability and technology adoption: issues and policies for developing countries [J]. *American Journal of Agricultural Eco-*

nomics, 87 (5): 1 325-1 334.

Leyshon A, Thrift N, 1995. Geographies of financial exclusion: financial abandonment in britain and the united states [J]. *Transactions of the Institute of British Geographers*, 20 (3): 312-341.

Martin L L, 2002. Comparing the performance of multiple human service providers using data envelopment analysis [J]. *Administration in Social Work*, 26 (4): 45-60.

Miller T A, Walter A S, 1977. Options for improving government programs that cover crop losses caused by natural hazards [J]. *USDA Economic Research Service*, 3 (654): 265-297.

Miranda M J, 1991. Area-yield crop insurance reconsidered [J]. *American Journal of Agricultural Economics*, 73 (2): 233-242.

Miranda M J, Glauber J W, Systemic R, 1997. Reinsurance, and the failure of crop insurance markets [J]. *American Journal of Agricultural Economics*, 79 (1): 206-215.

Mishra, 1996. Agricultural risk, insurance and income: a study of the impact and design of india's comprehensive insurance scheme [M]. Aldershot: Avebury Publishing: 300-340.

Monte L V, 2001. Demand for area crop insurance among litchi producers in northern vietnam [J]. *Agricultural Economics* (26): 173-184.

Nelson C H, Edna T L, 1987. Further toward a theory of agricultural insurance [J]. *American Journal of Agricultural Economics*, 69 (3): 523-531.

Njegomir V F O L, 2011. Importance and current issues in agricultural insurance in serbia [J]. *Contemporary Agriculture* (1): 38-44.

Norton M, Sprundel G J V, Turvey C G, et al, 2016. Applying weather index insurance to agricultural pest and disease risks [J]. *Pans Pest Articles & News Summaries*, 62 (3): 195-204.

Orencio P M, Masa F, et al, 2013. A spatiotemporal approach for determining disaster-risk potential based on damage consequences of multiple hazard events [J]. *Journal of Risk Research*, 17 (7): 815-836.

Ramirez O A, Shonkwiler J S, 2017. A probabilistic model of the crop insurance purchase decision [J]. *Journal of Agricultural & Resource Economics*, 42 (4): 111-132.

Rand F V, Enlows E M A, 1920. Bacterial wilt of cucurbits [J]. *Bulletin. U. S. department of Agriculture*, 6 (4): 417-434.

Ray P K, 1960. Crop insurance as a measure of agricultural support: national and international action [J]. *Indian Journal of Agricultural Economics*, 15 (3): 1-6.

Rejesus R M, Escalante C L, Lovell A C, 2005. Share tenancy, ownership structure, and prevented planting claims in crop insurance [J]. *American Journal of Agricultural Economics*, 87 (1): 180-193.

Rey D, Garrido A, Calatrava J, 2016. Comparison of different water supply risk management tools for irrigators: option contracts and insurance [J]. *Environmental & Resource Economics*, 65 (2): 415-439.

Roger C, Joseph C C, Fernando C, 2011. Crop Insurance, Disaster Payments, and Land Use Change: The Effect of Sodsaver on Incentives for Grassland Conversion [J]. *Journal of Agricultural and Applied Economics*, 43 (2): 195-211.

Rubmstein A, Yaari M E, 1983. Repeated insurance contracts and moral hazard [J]. *Journal of Economic Theory*, 30 (1): 74-97.

Salami H, Rostami M, 2018. Measuring productivity of agricultural insurance in Iran: a different approach [J]. *Journal of Agricultural Science & Technology*, 12 (4): 523-533.

Seo S, Mitchell P D, Leatham D J, 2005. Effects of federal risk management programs on optimal acreage allocation and nitrogen use in a texas cotton-sorghum system [J]. *Journal of Agricultural & Applied Economics*, 37 (3): 685-699.

Serra T, Goodwin B K, Featherstone A M, 2003. Modeling changes in the U. S. demand for crop insurance during the 1990s [J]. *Agricultural Finance Reviews*, 63 (2): 109-125.

Sherrick B J, Barry P J, Ellinger P N, et al, 2011. Factors influencing farmers'crop insurance decisions [J]. *American Journal of Agricultural Economics*, 86 (1): 103-114.

Shiva S M, Agapi S, 2001. Farmer's participation in crop insurance market: creating the right incentives [J]. *American Journal of Agriculture Economics*, 83 (2001): 662-667.

Sinha S, 2004. Agriculture insurance in india: scope for participation of private insurers [J]. *Economic & Political Weekly*, 39 (25): 2 605-2 612.

Skees J R, Reed M R, 1986. Rate making for farm-level crop insurance: implications for adverse selection [J]. *American Journal of Agricultural Economics*, 68 (3): 653-659.

Smith J M, 1982. Evolution and the Theory of Games [M] //Evolution and the theory of games. Cambridge University Press: 34-36.

Smith V H, Goodwin B K, 1996. Crop insurance, moral hazard, and agricultural chemical use [J]. *American Journal of Agricultural Economics*, 78 (2): 428-438.

Starita M G, Malafronte I, 2014. Capital Requirements, Disclosure, and Supervision in the European Insurance Industry [M]. Springer: 13-23.

Velandia M, Rejesus R M, Knight T O, et al, 2009. Factors affecting farmers'utilization of agricultural risk management tools: the case of crop insurance, forward contracting, and spreading sales [J]. *Journal of Agricultural & Applied Economics*, 41 (1): 107-123.

Vincent H S, Alan E B, 2007. The demand for multiple peril crop insurance: evidence from montana wheat farms [J]. *American Journal of Agricultural Economics*, 78 (9): 189-201.

Wang H H, Hanson S D, Black J R, 2003. Efficiency costs of subsidy rules for crop insurance [J]. *Journal of Agricultural & Resource Economics*, 28 (1): 116-137.

Weaver R D, Taeho K, 2001. Crop insurance contracting: moral hazard costs through simulation [C]. *Selected paper presented at AAEA Annual Meeting*: 13-17.

Young C E, Monte L, 2001. Vandeveer and randall d. schnepf. production and price impacts of U. S. crop insurance programs [J]. *American Journal of Agricultural Economics*, 83 (5): 1 196-1 203.

后　记

隆寒时节，昼短夜长，在本书即将完成之际，奋笔疾书的间隙，于子时窗前，竟隐隐有些许胸臆难平、喉间酸涩，发自肺腑的感谢之言呼之欲出。

悠悠华夏，泱泱大国，博士五年时光与其浩瀚历史相比堪为白驹过隙。单就个人三十几年的人生相看，读博的时间也可说是短暂一瞬。即便如此，我坚信，若在耄耋之时回首过往，这几年的求学光阴依然会是我人生中最重要的节点。诚然，我辈在学术研究、知识容纳、实践经验上，都还仅仅是起步阶段。犹如我国的农业保险事业，方兴未艾，但在长远目标之下，必大有作为、利国利民。我个人虽力量浅薄，但既已明确方向，唯愿竭尽全力为祖国的发展而奋斗终生之初心永不会变。

在撰写本书的过程中，做了无数次建模与分析，其中还有数不清的仓促之下失败之案例，"路漫漫其修远兮，吾将上下而求索"最能代表我此时的心声。幸运的是，在选择东北财经大学的保险学专业时，我的恩师赵苑达教授，犹如航标灯塔，给了我明确的方向和目标，使我避免了诸多迷茫和无措。他学识渊博、治学严谨、胸怀远大、言语细致、待人宽厚，是以在学习和研究中，勤恳认真成为我的标准，唯恐因为一时不够勤勉与精进而有负损恩师的教诲。本书也是在恩师的精心指导和悉心教诲下完成的，从选题确定、论证方式到基础资料的收集都凝聚了恩师的心血和汗水，使我在选题之初就顺利地把握了写作方向，并日臻完善。老师的谆谆教导必将在我人生轨迹中如启明星般，时刻指引方向。借此本书完成之际，谨向恩师致以诚挚的敬意和祝福！

我还要感谢我的家人，尤其是我的母亲。细细回想，她是我成长路上最合格的教育者和陪伴者。母亲曾说，孩子的成长就是慢慢地与父母渐行渐远的过程，小的时候，父母扶着、拉着孩子，随着成长，就开始变成伴着、随着孩子，乃至在孩子的背后望着他们。为了我的学习，母亲效法孟母三迁，注重言传身教的过程，更懂得与时俱进的教育，所以，我才得以顺利度过成长中的每一个关键阶段。世间最深沉的爱，莫过于此，也正因为这样，我才会有今天的成绩。感谢父母为女儿倾注半生心血，此时我竟觉得任何词语描述都显得那么苍白。也要感谢我的先生，不言不语地陪着我走完了五年的博士读书之路，期间的点滴细节，每每回想都那么甜蜜与安心，我知道，这种无声的爱就是最大的支持和鼓励。同时，要感谢我的亲人们，特别是我的婆婆，你们多年来对我的照顾与包容，以及彼此之间几无罅隙的关系，逢难必帮的默契，让我体会到血浓于水的亲情。纸短情长，言近意远，你们于我的人生中，是最宝贵的财富，我会时时祈愿你们健康平安！

最后，感谢所有在我求学以及撰写本书期间，给予我肯定和理解的老师、同事、朋友和同学，常常是你们在我无助、疲惫的时候，在工作中，在生活中，及时施以援手，哪怕是一句贴心的话语，也给了我极大的力量。此番帮助和友善，于我心中变为阳光雨露，冲淡了烦忧，缓解了压力。而我，却常常无以为报，心中怀有愧疚。希望在以后的道路上，我们能够互相帮助，共同前行。

张　卓

2020 年 12 月